TRAITÉ

DE LA

JALOUSIE.

TRAITE'
DE LA
JALOUSIE,
OU
MOYENS D'ENTRETENIR
LA PAIX
DANS LE MARIAGE.

Mansueti hæreditabunt terram, & delectabuntur in multitudine pacis. Psalm. 36.

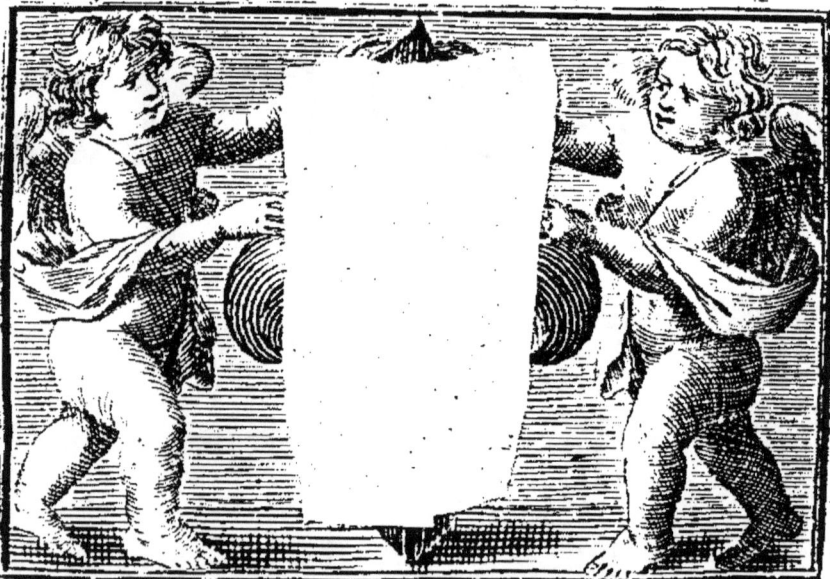

Mr. Bouriel Con.er au parlement.

A PARIS,
Chez HELIE JOSSET, ruë S. Jacques, à la Fleur de Lys d'or.

M. DC. LXXIV.
Avec Privilege du Roy.

AVERTISSEMENT.

E toutes les mala-
dies de l'esprit, *La
Ialousie* est assuré-
ment la plus dan-
gereuse, & la plus difficile à
guerir : Car non seulement
ceux qu'elle tourmente ont
honte de l'avoüer ; mais les
Directeurs mesmes qui les
gouvernent ont quelque pudeur d'entrer avec eux dans
cette conversation.

Cependant il y a des per-
sonnes mariées depuis quaran-
te ans qui ne sçavent pas en-
core les obligations du mariage, & qui peut-estre vivent

dans une guerre continuelle sans en avoir penetré la cause, & s'estre apperçuës des moyens de rétablir la paix entr'elles.

C'est ce qui a fait croire que ce Traité, où ces personnes pourront apprendre les devoirs du mariage, en ce qu'elles y appercevront le venin de la Jalousie, les mauvais effets qu'elle cause, & quel en est le remede, sera de grande utilité dans le monde. Et d'autant plus que ne contenant par tout que des maximes autorisées de tout ce qu'il y a de plus saint & de plus sacré dans la nature & la religion, il n'est, comme on verra, que l'organe pur & simple de la verité.

Aussi s'en promet-on un bon

succez, dans la pensée que l'on a qu'il y a peu de personnes qui ne soient bien aises d'avoir des regles pour s'acquitter dignement de la plus importante de leurs obligations, & de laquelle les autres dépendent. Car comme le mariage est le fondement de la vie civile, il y a grande apparence que celuy-là ne pourra pas estre un digne citoyen qui sera un indigne mari, & qu'il ne sçaura pas vivre dans la societé politique, n'estant pas capable de la societé domestique qui en est le commencement & l'abregé.

C'est donc comme la consommation des devoirs des personnes du monde, & en mesme temps l'accomplissement du dessein que l'Au-

à iiij

teur s'eſtoit propoſé. Ayant
conſideré que l'on pouvoit
reduire toutes les actions des
perſonnes ſeculieres à trois
Eſtats ; le premier lorſqu'un
homme entre dans le mon-
de ; le ſecond lorſqu'il entre
dans quelque profeſſion ; &
le troiſiéme lorſqu'il entre
dans le mariage ; il a taſché
de faire voir les devoirs de ces
trois differentes conditions
par trois differens Traitez.

Le premier eſt celuy *de la
Civilité*, qu'il a diviſé en
deux Parties, dont la premiere donne les maximes pour
converſer avec les honneſtes
gens ; & la ſeconde traite *du
point d'honneur*, ou des veritables regles pour apprendre
à vivre avec les gens incivils,
c'eſt-à-dire à ſupporter les

injures , & en mefme temps
à n'en point faire.

Le fecond eft *celuy de la*
Pareffe , ou l'art de bien em-
ployer le temps , chacun fe-
lon l'employ qu'il a dans le
monde.

Et le troifiéme eft ce *Trai-*
té de la Ialoufie, ou des moyens
de maintenir la paix dans le
mariage ; tous trois reglans
ainfi fuccintement toutes les
obligations de la vie feculie-
re , & ayant par confequent
un tel rapport entr'eux que
l'un ne fçauroit eftre fans
l'autre.

Pour revenir à la Jaloufie,
il eft bon d'avertir qu'eftant
comme elle eft une paffion,
on s'eft crû obligé de donner
dans le Chapitre 2. de ce Traité , une idée en abbregé des

Passions de l'Ame ; non seulement parce que cette matiere donne une notion curieuse de l'interieur de l'homme ; mais parce qu'il falloit indispensablement établir des principes qui servissent de preuves aux consequences que l'on tire dans la suite.

Mais parce qu'il ne suffit pas de faire ce que l'on doit, & qu'il faut encore avoir quelque égard au goust de ceux pour qui on travaille, on a disposé les Chapitres d'une maniere que ceux qui ont déja connoissance, ou qui ne se soucient pas fort de l'étude des passions, pourront pour se satisfaire, omettre ce second Chapitre, & passer du premier au troisiéme.

EXTRAIT DV PRIVILEGE
du Roy.

PAr Grace & Privilege du Roy, en datte du 16. Novembre 1670. Signé DALENCE', & seellé du grand Sceau. Il est permis au sieur J. M. de faire imprimer, vendre & distribuer par tel Imprimeur ou Libraire qu'il voudra choisir, un Livre intitulé *Traité de la Ialousie, &c.* durant le temps & espace de dix années, à compter du jour qu'il sera achevé d'imprimer & mis en vente pour la premiere fois ; & deffenses sont faites à tous Imprimeurs, Libraires & autres, de quelque qualité & condition qu'ils soient, de le contrefaire, vendre ny distribuer sans le consentement dudit J. M. à peine de quinze cens livres d'amende, confiscation des Exemplaires contrefaits, & de tous dépens, dommages & interests ; ainsi qu'il est plus amplement porté par lesdites Lettres.

Et ledit J. M. a cedé & tranf-
porté le prefent Privilege à HELIE
JOSSET, Marchand Libraire à Paris, pour en joüir fuivant l'accord
fait entr'eux.

Regiftré fur le Livre de la
Communauté des Imprimeurs &
Marchands Libraires , fuivant
l'Arreft du Parlement du 8. Avril
1653. Fait à Paris le 15. Ianvier
1671.
　　　Signé, L. SEVESTRE, Sindic.

Achevé d'imprimer pour la premiere fois le 20. Mars 1674.

Les Exemplaires ont efté fournis.

TRAITE'

TRAITÉ
DE LA
JALOUSIE
OU
MOYENS D'ENTRETENIR
la paix dans le Mariage.

CHAPITRE PREMIER.

Dequoy il s'agit dans ce Traité.

L'ERREUR où tombe la pluſpart du monde, en croyant que la Jalouſie n'eſt pas ſeulement un effet ordinaire, mais une des plus puiſſantes preuves de l'amour, a donné occaſion à ce Traité : *La Jalouſie* (diſent-ils) *eſt à proprement parler un amour*

Erreur du monde à l'égard de la Ialou-ſie.

A

excessif, qui est à cause de cet excés un amour malade ; c'est-à-dire
un amour qui est dans le feu de la
fiévre, & par conséquent au plus
fort de l'ardeur du veritable amour:
Qu'ainsi une personne se fait grand
honneur, & rend son amour bien
recommandable, quand elle témoi-
gne une forte & excessive Jalousie ; puisque (comme ils se persua-
dent) la Jalousie dans cet excés est
le plus haut degré où l'amour puisse monter. C'est cette erreur que
l'on s'est proposé icy de combattre. C'est cette Jalousie déreglée
qui porte la guerre dans les familles, qui allume le feu de la discor-
de entre les maris & les femmes,
& qui rompt le lien des mariages,
laquelle on pretend détruire dans
cet ouvrage ; puisque c'est cette
Jalousie si pernicieuse que l'abus
voudroit autoriser.

Fausses Jalousies des personnes mariées. POUR la bien connoistre, il
faut d'abord la distinguer de cer-
taines autres Jalousies, qui portent à la verité ce nom, mais qui

n'en ont pas les qualitez. Déja il peut y avoir, selon l'experience que nous en avons, certaines Jalousies feintes & contrefaites, dont on se sert pour amuser & enchanter quelques esprits simples ou stupides. Il y aura des maris, par exemple, qui feront les Jaloux de leurs femmes pour les persuader de ce faux principe que nous combattons icy, & donner lieu à ce raisonnement : *Mon mary est jaloux de moy : Donc il brûle d'amour pour moy.* De mesme il y a certaines femmes, qui n'ignorant pas non plus cette maxime populaire, ne manquent pas de s'en servir pour couvrir d'autres desseins. Elles se tuënt de fatiguer leurs maris de Jalousies affectées; & elles y reüssissent si heureusement, que la plusspart au lieu de regarder autour d'eux, tirent avantage de ces emportemens, se flattent que c'est leur merite particulier qui en est le motif; & en mesme temps se perçant le cœur de tendreſſe pour ces témoignages extraordinaires d'amour, qui ne ſont toutefois que des tours de ſoupleſſe, n'oſent ouvrir la bouche pour ſe plaindre d'autre choſe, ſe comptent meſme les pas, ſe contraignent en tout, & s'abſtiennent de tout, pour ne pas (diſent-ils) jetter ces pauvres femmes dans le deſeſpoir. Il ne s'agit point icy de ces ſortes de Comedies. Nous voulons aller à des maux réels.

Fauſſe Ialouſie des Amants. Il en eſt de meſme de la Jalouſie qui ſe rencontre entre les Amants & les Maiſtreſſes : J'entends ceux qui ne ſont pas encore unis par le mariage. La pluſpart du temps ce ne ſont auſſi que fictions, ou ruſes d'amour, dont ils taſchent de part & d'autre d'allumer & d'entretenir leur feu ; ou s'il y a de la verité & de la realité en leur Jalouſie, elle n'a d'ordinaire rien d'offençant, & tourne toute à émouvoir la tendreſſe & la compaſſion dans la perſonne aymée.

Ce ne font que menaces de fe poignarder, de s'empoifonner, de fe precipiter, & d'enrichir enfin & d'enluminer le Roman de leurs amours de quelque cataftrophe tragique. C'eft pourquoy comme il faudroit en effet compofer un Roman pour étaler les divers incidens de cette Jaloufie ou fauffe ou vraye, nous ne l'entreprendrons pas icy ; puifqu'il n'en eft pas queftion, & qu'il n'y à pas de grands inconveniens à en apprehender.

IL eft bon d'obferver auffi, que quand, par exemple, un homme veille fur les actions de fa femme ; quand il luy donne des confeils pour fa conduire, & empefche peut-eftre qu'elle ne tombe dans les pieges que luy tend le fiecle, ce ne font pas des effets de Jaloufie, mais au contraire des effets de charité, que la loy generale de cette charité ordonneroit à toutes fortes de perfonnes, & que la loy du mariage impofe indifpen-

Que la correction qu'un hôme fait à fa femme n'eft pas une Jaloufie.

fablement aux maris. Et c'est
ce qu'un grand Philosophe dit en
ces termes : *Ce n'est pas proprement estre jaloux que de tascher
d'éviter quelque mal, lorsqu'on a
juste sujet de le craindre.*[a]

a M. des C.
Traité des
Paffions
*Ialoufie
innocente.*

Nous sçavons aussi que la
Jaloufie en general, & confiderée
comme une paffion de l'ame, n'est
point d'elle-mesme criminelle, &
qu'au contraire elle merite des
loüanges, fi la fin où elle tend est
loüable. Car, pour me fervir des
paroles du mefme Philofophe[a], la
nature n'a point dôné aux hommes
de paffion qui foit toûjours vicieu-
fe, & qui n'ait quelque bon ufage. Un Gouverneur de place est
loüable d'en estre jaloux, c'est-à-
dire de fe deffier de tous les
moyens par lefquels cette place
pourroit estre furprife. Une honneste femme n'est pas blâmée d'ê-
tre jaloufe de fon honneur, c'est-
à-dire de ne fe garder pas feulement de mal faire, mais auffi d'é-
viter de donner les moindres fujets

a M. des C.
ibil.

de médisance. Elle est loüable de
se servir de la Jalousie pour s'animer à plaire & à satisfaire à son
mary en toutes choses, afin de
vaincre en merite tout ce qui
pourroit luy disputer sa conqueste.
Ainsi il faut établir pour principe,
dit le mesme Philosophe, qu'une
passion est toûjours bonne, quand
elle suit un bon principe; comme
elle ne peut estre que mauvaise,
lors qu'elle est fondée sur quelque
erreur.

IL s'agit donc icy seulement de
traiter de la Jalousie veritable,
manifeste, & déreglée des personnes mariées, c'est-a-dire de cette
Jalousie dont les mauvais effets
se font connoistre, soit que la cause en soit connuë, ou non. Car cette espece de Jalousie est de deux
sortes; L'une est de ces personnes
qui se declarent visiblement jalouses, & qui s'abandonnent à tous
les detestables effets que peut produire une si mauvaise cause; L'autre est de celles qui cachent leur

Ce que c'est que la veritable ou mauvaise Jalousie.

Jaloufie, ou qui en fuppriment le nom dans la malice de leur efprit; qui font jaloufes fans dire qu'elles le foient, parce que cette declaration eft honteufe; & qui cependant font tout ce que feroient les Jaloufes les plus déclarées, qui font toûjours chagrines & de mauvaife humeur, qui crient & murmurent toûjours, qui tourmentent & accablent le monde fans dire pourquoy. Or comme cette Jaloufie cachée & taciturne eft encore plus dangereufe & plus infupportable que l'autre, c'eft de celle-cy comme de l'autre, qu'il eft neceffaire de faire voir l'horreur & la difformité contre le raifonnement de fes deffenfeurs. On oppofera pour cela à leurs faux principes, non un raifonnement fpecieux, mais les principes & les regles de la nature, de la raifon, & du chriftianifme.

Que le Chriftianifme doit eftre la regle des paffions.

JE dis du chriftianifme, parce que s'agiffant icy d'une paffion humaine, telle qu'eft l'amour, ou la

Jaloufie, on ne peut pas éviter de terminer la queſtion par les principes de la Religion, comme celle qui perfectionne les raiſonnemens de la Philoſophie naturelle. Car s'il eſt vray que cette Philoſophie peut découvrir l'origine, l'eſſence, & les effets d'une paſſion ; il eſt vray auſſi qu'elle ne peut pas toute ſeule luy preſcrire ſes legitimes bornes.

CHAPITRE II.

D'où vient la Ialouſie, & ce que c'eſt.

LEs Paſſions ſont donc toutes bonnes de leur nature, pour parler comme le meſme Philoſophe, & nous n'avons qu'à en éviter le mauvais uſage, ou leur excés. Elles ſont meſme le principe de toutes les actions, enſorte que ce qui eſt une paſſion interieurement, eſt communément une action

Que les Paſſions ſont bonnes, & qu'elles ſõt le principe de nos actions.

au dehors. D'où il s'enfuit que tant s'en faut que les passions soient criminelles, qu'un homme au contraire qui seroit sans passion, seroit un stupide, ou ne seroit pas un homme; il tomberoit mesme dans un découragement, une langueur, & un mépris de luy-mesme, dont il seroit responsable à Dieu & à la nature. En effet comme on compare l'animal, mais particulierement l'homme, à un Estat politique [a]; & comme un Estat ne peut pas subsister sans conseil ny sans forces, pour se procurer ce qui luy est avantageux, & repousser ce qui luy est nuisible; La nature de mesme a donné à l'animal une lumiere naturelle, & à l'homme la raison, qui est le siege de la sagesse, pour luy servir de conseil, & les passions pour luy tenir lieu comme de troupes; afin de se procurer le bien, & de se garantir du mal. C'est pourquoy l'usage des passions dans l'homme, dit le mesme Philosophe, consiste

[a] Existimandum profecto, est constare animal ut civitatem bene legibus institutam. Arist. de animal. motu. cap 10.

à difpofer & pouffer l'ame à vouloir les chofes que la nature dicte
nous eftre utiles ; & en mefme
temps à agiter les efprits qui fervent à nous faire perfifter dans
cette volonté, & à nous porter à
l'action neceffaire pour acquerir le
bien que nous nous propofons,
foit qu'il foit un bien en foy, foit
que ce foit la fuite d'un mal, laquelle nous tient alors lieu d'un
bien.

MAIS on ne peut pas bien
connoiftre ce que c'eft que paffion,
& comment elle fe forme, fi on
n'a quelque connoiffance de la ftru-
cture du corps. Il faut pour cela
emprunter les fentimens des Phi-
lofophes ; & particulierement des
Modernes, qui ont enrichy ou
éclairé la Philofophie ancienne des
belles & admirables découvertes
qu'ils ont faite dans la nature.

Structure du corps.

IL n'y a perfonne qui ne fe
connoiffe affez par le dehors, &
nous voyons tous que la Nature
nous a donné, & à la plufpart des

Organes exterieurs.

animaux, des sens naturels, dont ceux qui sont le plus exposez ont chacun double organe.

Organes interieurs.

Nous sçavons aussi que nous avons au dedans de nous-mesmes un cerveau, un cœur, un foye, une rate, &c. Or la communication de toutes ces parties interieures avec les exterieures est si bien concertée, & le rapport si juste, qu'une partie fait mouvoir l'autre, comme les ressorts d'une monstre. Et cela se fait à peu prés de cette maniere.

Vsage des Organes interieurs.

Le cerveau qui est la partie superieure du corps, est l'origine de tous les nerfs, qui se répandent dans tous les muscles, & aboutissent à toutes les parties & extrémitez du corps : & le cœur est le centre de la chaleur naturelle, qui est le principe de la vie, & par consequent de tous les mouvemens du corps. Aussy est-il au milieu ; afin, comme dit Aristote, de communiquer aux deux extrémitez [a]. Il y communique en effet

a Necesse profectò est principium motus in medio esse moventis animæ. utrorúque enim extremorũ medium est ultimum. *Arist. de anim motu. cap 9.*

par le moyen du fang & des efprits
qu'il envoye fans ceffe dans toutes
les parties du corps. Et c'eft à quoy
contribuë le fuc des viandes que
nous mangeons : car ce fuc fe pre-
parant dans l'eftomac , & delà
coulant par les veines lactées (que
l'on appelle ainfi , parce que ce
fuc n'a encore que la couleur du
laict) vient aprés que ces veines
l'ont encore porté dans d'autres
canaux pour le purifier davantage,
fe rendre dans la cavité droite du
cœur , où il fe rarefie & commence à prendre la teinture du fang :
Delà paffant dans les poulmons , il
revient fe décharger dans le ven-
tricule ou cavité gauche du cœur,
où il reçoit fa derniere perfection:
Aprés quoy eftant pouffé avec im-
petuofité dans la grande artere &
dans toutes fes branches , il paffe
par toutes les parties du corps
pour leur donner la vie & la nourriture: D'où revenant dans le cœur,
& puis en fortant de mefme , il
fait comme un flux & reflux con-

tinuel par le moyen de sa circula-
tion. Ce qui se connoist par le battement du cœur & des arteres :
Car quand le sang est dans le cœur,
il se dilate & rarefie, & par cette
dilatation enflant le cœur, & en-
suite les arteres, il cause ce poux
& ce battement. Et c'est ce sang
qui entretient ce feu ou cette chaleur naturelle dans le cœur, comme l'huile entretient le feu d'une
lampe.

Esprits a-
nimaux.
MAINTENANT les plus vives &
les plus subtiles parties de ce sang
sont poussées dans le cerveau pour
servir aux principales fonctions de
l'animal, & pour estre distribuées
dans les nerfs & dans les muscles,
afin de mouvoir le corps en toutes
les diverses façons qu'il peut estre
mû. Et c'est là ce qu'on appelle
les Esprits animaux, qui nonob-
stant ce nom d'esprits, ne laissent
pas d'estre de petits corps.

Or ces esprits se filtrent, pour
ainsi dire, dans la substance du
cerveau, & ils s'y reünissent en

quelqu'une de ſes parties, qui eſt
l'organe du ſens commun, ou de
l'imagination, & qui ne peut pas
eſtre éloignée de l'origine des
nerfs, par leſquels ces eſprits ſe
répandent dans toutes les parties
du corps.

COMME c'eſt cet organe qui reçoit les impreſſions & les images
que les ſens & les autres organes
luy envoyent, c'eſt par conſéquent
ſur luy, & dans le cerveau que ſe
fait le ſentiment, ou la perception
que nous avons des choſes, & non
pas dans les ſens meſmes, ny dans
les autres parties du corps. Car
quoy que les ſens ſoient comme les
inſtrumens dont l'imagination ſe
ſerve pour recevoir les eſpeces des
objets ſenſibles; qu'ils ſoient comme les portes de l'ame par leſquelles ces eſpeces entrent; que meſme
les objets ſe peignent & s'impriment ſur ces organes (car l'experience nous fait voir que nous voyons
par les yeux, que nous entendons
par les oreilles, & que c'eſt le pied

*Comment
ſe fait le
ſentiment.*

ou la main qui nous fait mal.)
Neanmoins il est sans doute qu'il
ne se fait aucun sentiment, aucune
perception, aucun discernement,
si ces mesmes especes ou impressions ne passent au siege principal
du sens commun. Nous en avons
l'experience en ce que si nous sommes fortement attentifs à quelque
chose, nous ne sentons pas la douleur que l'on nous fait, ou ne
voyons pas les choses qui sont devant nous : Comme il arrive dans
des Apoplectiques qui ne sentent
pas quand on les pique, ou mesme quand on les coupe : Ce qui
vient de ce que l'organe de l'imagination n'agissant plus, elle ne reçoit point ces impressions, & que
ne les recevant plus, elle n'en fait
naistre aucun sentiment : Bien davantage ceux-là mesme à qui, par
exemple, on a coupé la main, se
plaignent de souffrir grande douleur dans la main mesme qu'ils
n'ont plus. Or le sentiment qui se
fait dans l'imagination arrive de ce
que

que d'un cofté les nerfs qui font
les organes des fens, prenant leur
origine dans le cerveau, comme
nous avons dit, s'étendent vers
toutes les parties, & aboutiffent à
toutes les extrémitez du corps, enforte que la moindre chofe qui
vient à mouvoir la partie du corps
à laquelle l'extrémité de quelque
nerf eft attachée, fait en mefme
temps mouvoir la partie du cerveau où le nerf aboutit ; & que de
l'autre ces nerfs eftant remplis des
efprits que le cerveau diftribuë
continuellement par tout le corps,
ces efprits qui reçoivent l'atteinte ou l'impreffion de cet objet, la
font paffer auffi comme de main
en main jufqu'à leur fource, qui eft
le fiege du fens commun. Je dis de
main en main, pour donner à entendre que ce mouvement ne fe fait
pas par une retrogradation tumul-
tuaire de ces efprits, mais comme
par certaines ondes, ainfi que nous
voyons celles qui fe font quand
on jette une pierre dans un baffin

B

d'eau, dont l'une pousse l'autre jusqu'au bord. Il y a seulement cette difference, que le mouvement de ces esprits se fait avec une vîtesse imperceptible, estant comme ils sont tres-subtils de leur nature, & surpassant tous les corps par la legereté de leur mouvement. C'est ainsi que se fait le sentiment.

Où & cō-ment se forment les Passions.

Or comme il se fait dans l'imagination, & non pas dans les organes ou parties du corps sur lesquelles la premiere impression se fait: De mesme les Passions ne se forment nullement dans le cœur, comme on croit, mais elles se forment aussi dans l'imagination. Et en effet, quoy que le cœur les fomente & les fortifie par le moyen des esprits qu'il envoye continuellement au cerveau, & que mesme il sente beaucoup d'alteration dans des passions violentes ; cela ne vient que de la communication qu'il a avec le cerveau par le moyen de certains petits nerfs qui servent à élargir ou resserrer les

orifices du cœur, & faire qu'il y
entre beaucoup ou peu de sang.

Les Passions donc se forment
sur cet organe, qui est le siege
de la phantaisie ou imagination :
Et elles se forment ou par le temperament du corps, ou par le sentiment que les appetits & les affections naturelles impriment, ou enfin par l'impression que font les objets sur l'imagination. Elles naissent du temperament, en ce que,
par exemple, si la bile domine elle
excite la colere ; si c'est le sang, il
fait pancher à l'amour. Elles naissent du sentiment que forment les
appetits & les affections naturelles, comme la faim, la soif, & les
autres appetits, comme la douleur,
la chaleur & les autres affections,
qui remuant les nerfs des organes qui en sont les instrumens, en
portent le sentiment au cerveau.
Il faut boire, dit Aristote, c'est
l'appetit naturel qui l'ordonne pour
la conservation de l'animal : La lumiere naturelle monstre que c'est

de l'eau, par exemple, & non pas de l'ancre qu'il faut boire, & incontinent cette connoiſſance naturelle fait agir l'animal pour boire [a]. Les Paſſions enfin naiſſent de l'impreſſion que les objets font ſur la phantaiſie ou imagination par le moyen des ſens. Et en effet l'imagination, comme dit Ariſtote, n'eſt pas la meſme choſe que les ſens, puiſque nous voyons que l'imagination agit meſme ſans que les ſens agiſſent [b]. D'où viennent les paſſions qui s'excitent par le ſouvenir ou l'imagination ſeule [c] de quelque choſe, & les ſonges & les actions qui ſe font en dormant, à cauſe des diverſes impreſſions que le mouvement fortuit des eſprits fait alors ſur l'imagination. L'image donc de quelque choſe paſſant, par exemple, au travers des yeux, & venant s'imprimer ſur l'organe de l'imagination dont nous par-

[a] Bibendum eſt mihi dictat cupiditas, hoc autem eſſe poculentum, iſenſus, vel phantaſia vel mens affirmat, conſeſtim bibitur. Ariſt. de anim. mot. cap. 7.

[b] Phantaſia diſtincta à ſenſibus, quia vel ipſis quieſcentibus adeſt, ut in ſomno. Ariſt. de Ani. lib. 3. cap. 4.

[c] Cogitatio exiſtit qualis unaquæque res eſt, & idcirco ſola cogitatione animalia perhorreſcunt & expaveſcunt. De Anim mot cap. 2.

Cogitatio & imaginatio agentes adducunt affectiones, nam agentium ſpecies repræſentant. Id. ib. cap. 11.

lons, par l'entremise des esprits
dont elle est environnée, il arrive
que si cet objet est effroyable par
rapport à ce que la nature ou l'experience monstrent estre nuisible
au corps, cela excite la passion de
la crainte, ou mesme le courage,
selon la diverse constitution du
corps ; & en mesme temps ces esprits reflechis de l'image ainsi formée sur cet organe, entrent partie
par les pores du cerveau qui les
conduisent dans les nerfs qui servent à faire faire le mouvement &
la posture qu'il faut pour tourner
le dos ou fuïr, partie dans les nerfs
qui élargissent ou étrecissent les
orifices du cœur, ou qui agitent
les autres parties d'où le sang luy
est envoyè ; en sorte que ce sang
estant rarefié d'autre façon que de
coûtume, il envoye des esprits au
cerveau qui entretiennent & fortifient la passion, c'est-à-dire qui
ouvrent toûjours les pores par lesquels ils entrent dans les mesmes
nerfs : Et si c'est le courage qui

s'excite, ces efprits entrent par le
mouvement de cet organe dans les
pores du cerveau qui les conduifent dans les nerfs qui fervent à
remuer les membres pour fe def-
fendre, auffi bien que dans ceux
qui agitent & pouffent le fang vers
le cœur en la façon convenable
pour produire des efprits propres
pour continuer cette deffence. Il
en eft de mefme des autres paffions de quelque fource qu'elles
naiffent. De façon que generalement parlant, la caufe des paffions
n'eft pas feulement dans les fens &
dans le cerveau : mais auffi dans le
cœur, dans la rate, dans le foye,
& dans toutes les autres parties du
corps, entant qu'elles fervent à la
production du fang, & enfuite des
efprits. Car encore que toutes les
veines conduifent le fang qu'elles
contiennent vers le cœur, il arrive neanmoins quelquefois que celuy de quelques-unes y eft pouffé
avec plus de force, que celuy des
autres : Et il arrive auffi que les

ouvertures par où il entre dans le
cœur, ou bien celles par où il en
fort, font plus élargies, ou plus
refferrées une fois que l'autre.

OR tout cela arrive par la difpofition feule de la machine du
corps; c'eft-à-dire par la confor-
mation des membres, & le cours
que les efprits excitez par la chaleur du cœur fuivent naturellement dans le cerveau, dans les
nerfs, & dans les mufcles, comme
il arrive, ainfi que nous avons dit,
dans une monftre qui va & fe meut
par la difpofition de fes pieces.
C'eft pourquoy s'il eftoit poffible
d'imaginer un homme fans ame,
on le verroit agir de mefme. Car il
ne faut pas croire que ce foit l'a-
me qui donne la vie & le mouvement au corps; quoy qu'elle puiffe en quelque façon en difpofer
quand elle y eft jointe : mais que le
mouvement & la vie dépendent de
cette architecture du corps. En
forte qu'il eft vray de dire que la
feparation de l'ame ne fait point

Que le corps agit & fe meut par la cō-formation de fes mē-bres fans le fecours de l'ame.

mourir le corps; mais que l'ame à la mort se retire du corps, parce que la chaleur naturelle dont nous avons parlé, venant à cesser, les organes qui servent à l'action de l'ame se corrompent.

Que le sang est l'ame des bestes.

C'EST ce qui donne lieu de croire, que puisque l'Ecriture sainte dit que les bestes ont le sang pour ame [a], qu'elles n'en ont point d'autre que celle qui consiste en ce rapport de parties animées & muës, comme nous avons dit, par les esprits animaux que le feu du cœur tire du sang. Et ce pourroit bien estre la raison pourquoy les Ecrivains sacrez voyant d'une part que les bestes ont presque les mesmes passions que l'homme, en ce qu'elles ont de l'amour pour leurs petits, de la jalousie pour leurs femelles, de la colere, de la crainte, & qu'elles n'ont de l'autre aucun jugement, se sont servis de ce mot de sang pour exprimer ces mouvemens charnels & sensuels qui entraisnent la raison, & qui nous agitent

[a] Hoc solum cave ne sanguinem comedas: sanguis enim eorum pro anima est; & idcirco non debes animam comedere cum carnibus. Deuter. 12. 23.

rent comme des beftes : *Délivrez-moy , mon Dieu , de la peine que meritent mes actions de fang* , difoit David [a] : comme S. Jean dit que Noftre Seigneur *avoit donné droit d'eftre faits enfans de Dieu à ceux qui ne feroient point nez du fang & de la volonté de la chair.* [b]

[a] Libera me de fanguinibus , Deus Deus falutis meæ. *Pfal.* 50.
[b] Qui non ex fanguinibus neque ex voluntate carnis, &c. nati funt. *Ioan.* 1. 13.

Et c'eft en effet ce qui eft convenable à l'excellence de l'ame raifonnable. Car fi on peut dire que les animaux ont les mefmes mouvemens naturels que l'homme ; on peut nier avec Seneque , qu'ils ayent de veritables paffions , leurs impreffions n'eftant autre chofe , que certaines impulfions qui leur reffemblent [c]. Et c'eft ce que dit noftre Philofophe , en difant que les animaux fans raifon ne conduifent leur vie que par des mouvemens corporels femblables à ceux qui ont coûtume de fuivre en nous les paffions ; & que pour ce fujet ils font fouvent trompez par leur

Que les beftes n'ôt que des impulfions & non pas des paffions.

[c] Muta animalia humanis affectibus carét: habent autem fimiles illis quofdam impulfus. *Sen. de Ira lib* 5. *ch.* 3.

C

apas, & se precipitent en de grands maux pour en éviter de petits. Or ces mouvemens naturels se font en eux par la dispositió dont nous avós parlé, comme si c'estoit les differends ressorts d'une machine, ou les differentes touches d'un instrument que l'on remuast[a], sans qu'il y ait aucun raisonnement. Nous en voyons l'exemple dans un chien qui mord une pierre qu'on luy a jettée : car la colere du chien ne vient que de ce que cette pierre qui est l'objet de la passion en cette rencontre, a appuyé sur la touche qui allume la colere & la vengeance. Aussy est-ce le sentiment d'Aristote, qu'il ne se trouve aucun raisonnement où il ne se trouve aucune raison[b], & que la raison ne se trouve point dans les bestes[c].

[a] M. des C. Traité de l'Homme. art. 16. & 15.

[b] Ratiocinari nulli inest, cui non sit ratio. Ar. de an. l. 3. c. 3.

[c] Quibusdam bestiis phantasia inest, ratio vero non inest. Id ibid. cap. 4.

Excellence de l'ame de l'home.

C'EST donc l'ame de l'homme qui a seule en partage la raison &

le libre arbitre [a], par lequel l'homme est maistre de ses volontez, c'est-à-dire de soy-mesme, & par cela semblable à Dieu : Il a, dis-je, en partage *la raison*, qui *est un jugement droit & juste des choses humaines & divines*; qui est une loy vivante que nous portons dans nous-mesmes ; ou pour le dire avec les paroles de Philon ; *Vne loy qui ne sçait point mentir ; une loy qui n'est pas mortelle comme seroit celle qui viendroit de quelque homme mortel ; ou sans ame & sans vie, comme les loix qui sont écrites sur le papier, ou sur des colomnes inanimées : mais qui est une loy exempte de toute corruption, parce qu'elle a esté gravée par la nature immortelle dans l'ame immortelle de l'homme* [b]. C'est pourquoy encore que l'ame ne puisse pas agir sans le corps, elle en est tout-à-fait separée, & infiniment au dessus par son immortalité, libre & affranchie de tout mélange dans sa substance [c].

[a] Deliberativa in iis duntaxat inest, quæ sunt ratione prædita. *Ar. de An. lib. 3. cap. 11.*

[e] *Lib.* Omné virtum bonum esse liberum.
[c] Separatum autem est solum hoc ipsum quod est '& hoc solum est immortale & æternum. *Ar. de An. l. 3. c. 6.* Intellectus est separabilis & non mixtus, & impatibilis cum essentialiter sit actus. *Id. ib.*

Facultez
de l'ame.
OR cette ame n'a point de diverſes parties comme on ſuppoſe.
Elle eſt une & jointe uniquement
à tout le corps & à toutes ſes parties, ſans qu'elle ſoit plus dans l'u-
ne que dans l'autre, à cauſe que
le corps eſt un, & en quelque façon indiviſible par rapport à la
diſpoſition de ſes organes, qui ſe
rapportent tellement les uns aux
autres, que lorſque l'un manque
tout le corps devient defectueux.
Ainſi c'eſt une meſme ame qui
imagine, qui ſe ſouvient, & qui
raiſonne. Ce qui ſe fait par le
moyen de cet organe dont nous
avons parlé.

La me-
moire.
CAR quand l'ame veut ſe ſouvenir, cet organe pouſſe des eſprits aux endroits ou pores du cerveau où ſont les traces de l'objet
dont elle veut ſe ſouvenir, leſquels
reflechiſſants repreſentent à l'ame
le meſme objet.

L'imagi-
nation.
ET quand elle veut imaginer,
cette volonté à la force de faire
que cet organe ſe meut auſſi en la

maniere qu'il faut pour pousser les esprits vers les pores du cerveau, par l'ouverture desquels cette chose peut estre representée : Et si on veut considerer la mesme chose avec attention, la volonté retient cet organe dans la mesme situation.

Pour raisonner, l'ame se sert de ces deux facultez, j'entens de l'imagination & de la memoire : Car non seulement elle ne peut pas juger sans le secours des especes que l'imagination luy represente[a] ; mais elle ne peut pas raisonner de l'une que par l'autre, parce que *le raisonnement est un jugement en veüe de quelqu'autre jugement qu'on a fait auparavant[a]*.

AINSI cet organe qui est dans le cerveau semble estre le siege de l'ame où elle exerce toutes ses volontez, c'est-à-dire ses actions : Car les volontez sont proprement les actions de l'ame, parce qu'elles viennent directement d'elle, & semblent ne dépendre que d'elle.

Le jugement.

a Anima nunquam intelligit sine phantasmate. *Arist. de An. l. 3. c. 6.*

b *Rohault Phys. 1 Part. ch. 2.*

Siege principal de l'ame.

Elle est là comme un Soleil qui darde ses rayons par tout le corps par le moyen des esprits, des nerfs, & mesme du sang : car elle dispose de tous les sentimens qui s'impriment sur cet organe, & luy imprime les siens propres. Comme d'autre costé à cause de la forte liaison qui est entre l'ame & le corps, cet organe fait passer en elle toutes ses impressions, & la sollicite par ce moyen de vouloir les choses ausquelles elle prepare le corps ; ensorte qu'il ne se forme point de passion dans l'imagination que l'ame ne ressente.

pouvoir du corps contre l'a-me.

ET en effet, quoy que l'ame ou la volonté de l'homme soit tellement libre, qu'elle ne puisse estre contrainte ny changée qu'indirectement par le corps ; les passions neanmoins qui ne se produisent pas immediatement par l'ame mesme, ne se peuvent changer non plus qu'indirectement par l'ame ; jusque-là mesme qu'il se fait des mouvemens & des passions dans le

corps fans que l'ame y contribuë.
Par exemple, il peut arriver par la
difpofition feule des organes, que
les efprits coulent vers les nerfs du
cœur, & que ce cours donne en
paffant un mouvement à l'organe
de l'imagination qui imprime la
peur dans l'ame, & qu'en mefine
temps ces efprits coulants vers les
nerfs qui fervent à remuer les jam-
bes pour fuïr, cet organe reçoive
un autre mouvement qui faffe fen-
tir & appercevoir cette fuite à
l'ame fans que l'ame y confente.
Et c'eft auffi de cette étroitte liai-
fon que nous voyons, que quand
nous avons une fois joint quelque
action corporelle à quelque penfée, l'une des deux ne fe prefente
point après à nous, que l'autre ne
s'y prefente auffy. Bien davantage,
on peut dire que les mouvemens
de l'organe de l'imagination font
fi naturels, qu'ils fuivent plûtoft
l'action des organes, que la volonté que nous aurions de luy donner
ces mouvemens ; comme il arrive,

par exemple, lors que l'on veut
difpofer fes yeux à voir un objet
éloigné : car alors la prunelle s'é-
largit plûtoft à caufe de cette
action, à laquelle fe determinent
les yeux par cet organe, que parce que l'on a volonté de les élargir.

Combat de l'ame & du corps.

ET c'eft cette repugnance fi naturelle qui a donné lieu de croire,
que la partie inferieure de l'ame
combattoit contre la fuperieure;
au lieu que cette repugnance ne
vient que de ce que le corps d'un
cofté par le moyen de fes efprits,
& l'ame de l'autre par fa volonté,
tendent à exciter en mefme temps
des mouvemens differens dans cet
organe. Et en effet tout ce qui re-
pugne à la raifon, vient du corps
& non pas de l'ame. Ce font donc
ces deux differentes impulfions qui
fe font fur cet organe, qui caufent
ce combat : Par exemple, les efprits
font effort pour pouffer l'organe,
dont nous parlons, à exciter le defir de quelque chofe dans l'ame;

& l'ame en fait un autre pour la repouſſer par la volonté qu'elle a de fuïr la meſme choſe: Si elle a le deſſus, elle demeure victorieuſe; ſinon les eſprits reprennent auſſi-toſt leur premier cours à cauſe de la diſpoſition qui a precedé dans les nerfs, dans le cœur & le ſang; & alors l'ame ſuccombant ſe ſent pouſſée à deſirer & ne deſirer pas une meſme choſe.

Voilà le combat de l'eſprit & de la chair, qui eſt ſi violent qu'il n'y a point de prudence humaine qui ſoit capable de reſiſter. Il eſt certain meſme que l'ame ne peut pas vaincre les paſſions ſur le champ : Car elles ſont accompagnées d'une telle émotion, qui ſe fait dans le cœur, & par conſequent dans tout le ſang & les eſprits, que la paſſion demeure preſente à noſtre penſée, juſqu'à ce que cette émotion ait ceſſé; de meſme que les objets ſenſibles y ſont preſens pendant qu'ils agiſſent ſur les organes des ſens. J'entends les fortes paſſions, & qui nous obligent d'avoüer que nous ne sommes pas maistres de nos premiers mouvemens.

Empire de l'ame sur le corps. IL faut donc un puissant secours à l'ame pour remporter la victoire; & ce secours est la sagesse qui la seconde dans ce combat: Car comme cette sagesse n'est autre chose que la raison mesme éclairée des lumieres de l'experience & de la morale, dont la principale utilité est de donner des preceptes pour regler les passions, elle en fait connoistre à l'ame la qualité & leur veritable usage; elle la détrompe de l'erreur des sens & de l'imagination; elle luy fait connoistre ce que c'est que le veritable bien & le veritable mal; en un mot elle luy apprend la juste valeur des choses, & ce qui convient ou ne convient pas à la nature humaine. Et de vray les plus violens efforts des passions ne peuvent rien contre nous sans les émotions interieures de l'ame. C'est delà d'où dépend nostre bien & nostre mal: Car el-

les ont beaucoup plus de pouvoir
sur nous que les passions mesmes.
D'où vient que pourveu que nôtre ame ait toûjours dequoy se satisfaire en son interieur, tous les
troubles qui viennent d'ailleurs
n'ont aucun pouvoir de luy nuire;
ce qui fait connoistre évidemment
sa perfection. Or c'est par le
moyen de la vertu dont nous parlons, qu'elle peut estre contente,
constante & inébranlable; c'est-à-
dire par le témoignage qu'un homme se rend à luy-mesme, qu'il se
porte aux choses qu'il juge les
meilleures.

Ainsi quand une passion agite
l'ame, elle luy oppose pour armes
des jugemens fermes, convain-
cans, & determinez par le discernement ou le developement qu'elle fait des objets qui causent son
émotion. Et c'est ce qu'entendoit
un Philosophe Chrestien qui n'i-
gnoroit pas ces principes, en disant
que la vertu consistoit, non à regler les passions, mais les objets

des passions ; parce , dit-il , qu'il
peut se commettre de tres-grands
crimes , quoy que les mouvemens
de la passion soient foibles , & que
des passions peuvent avoir de tres-
grands mouvemens sans crime [a].
L'ame donc affoiblissant par de
puissantes raisons le mouvement
de l'organe de l'imagination , elle
l'arreste tout-à-fait : ou si ces armes sont trop foibles , elle y joint
l'industrie , & pour changer ce mouvement elle luy en donne un autre propre à produire un autre effet ; c'est-à-dire qu'elle fait naî-
tre une passion pour un autre , en
remuant diversement cet organe
par la representation des choses qui
peuvent luy en donner l'impression. Par exemple , si l'ame veut
luy oster la peur , elle s'applique à
luy imprimer les raisons , les objets ,
ou les exemples qui font naistre la
generosité. Et en dernier lieu si la
passion qui agite l'ame fait un si
violent effort sur elle , qu'elle ne
luy donne pas le temps de delibe-
rer , l'ame fait alors un contr'effort

[a] Non in
moderandis
affectibus
sapientiæra-
tio versatur,
sed in causis
eorum, quo-
niam ex-
trinsecùs
moventur:
Nec ipsis
potissimùm
frænos im-
poni opor-
tuit, quoniá
& exigui ef
se possunt
in maximo
crimine , &
maximi pos-
sunt esse si-
ne crimine.
Lact.

fur la nature, & retient du moins
la plufpart des mouvemens auf-
quels la paffion ou cet organe dif-
pofoit le corps, comme celuy de
la main que la colere auroit fait
lever pour frapper.

Il y a donc une fi grande union
entre l'ame, l'organe de l'imagination, & le corps, que l'ame meut
comme il luy plaift cet organe par
le moyen de cette fageffe; & que
reciproquement cet organe imprime dans l'ame autant d'impreffions
qu'il en reçoit par les divers mouvemens qu'on luy donne; & que
le corps enfin de cela feul que cet
organe eftant diverfement mû, ou
par l'ame, ou par telle autre caufe
que ce puiffe eftre, pouffe les efprits qui l'environnent vers les
pores du cerveau dans les nerfs &
les mufcles, fe meut & produit
l'action à laquelle elle l'a deter-
miné.

Correfpõ-
dance mu-
tuelle de
l'ame &
du corps.

Or ce font les differentes volontez de l'ame qui donnent les
differens mouvemens au corps:
& comme ces volontez font de

Ce que
l'on appelle
paffion de
l'ame.

deux sortes, les unes qui se terminent en l'ame mesme, comme vouloir aimer Dieu, ou s'appliquer à
la consideration de quelque objet
qui n'est pas materiel ; & les autres qui se terminent au corps &
qui le font agir ; il arrive que
quand ces actions ou ces impressions que l'ame fait sur le corps,
partent d'un mouvement si agité
que l'on en void des effets extraordinaires sur le corps , elles s'ap-
pellent passions. Par exemple, si
on void que le corps patisse, c'est-
à-dire s'altere en quelque chose
qui ne s'y voyoit pas auparavant,
& particulierement dans les yeux
& le visage, comme s'il change de
couleur , s'il tremble , s'il tombe
en langueur, en défaillance ; s'il se
met à rire, à pleurer, à gemir, à
soupirer ; on en conclud que l'ame
patit , & on appelle ces mouvemens les passions de l'ame, quoy-
qu'elle soit impassible de sa nature [a].

a. Non est
quod anima
aliquid pa-
tiatur ; sed
quia id patitur in quo est anima. *Arist. de an. lib.* 1. *cap.* 5.

AINSI ces paſſions, ſont des perceptions, ou des ſentimens, ou mouvemens de l'ame, que l'on rapporte particulierement à elle, & qui ſont cauſées, entretenuës & fortifiées par le mouvement des eſprits. Et parce que l'ame non ſeulement peut exciter elle-meſme des paſſions; mais qu'elle ſent auſſi celles qui ſe forment ou du temperament du corps, ou de l'impreſſion des objets, ou qui viennent des appetits naturels, comme nous avons remarqué; il peut y avoir un nombre infini de paſſions, leſquelles meſme ſe forment les unes des autres, & ſe meſlent & confondent enſemble. On en met neanmoins quelques-unes comme generales, & paſſions primitives, dont les autres derivent en forme deſpeces. Et ce ſont l'admiration, l'amour, le deſir, la joye, la triſteſſe, la haine, & ſi on veut la crainte.

CAR ſi nous ſommes frapez de quelque objet nouveau & ſur-

Ce que c'eſt que les paſſions de l'ame & combiē il y en a.

Comment elles naiſſent dans l'ame,

prenant, nous l'admirons. Si nous le trouvons bon & convenable à noftre nature, nous l'aymons. Que fi ce bien eft abfent, nous le defirons. Et aprés l'avoir defiré, fi nous parvenons à fa poffeffion, nous nous en réjoüiffons. Comme au contraire fi aprés l'avoir poffedé nous le perdons, cette perte nous afflige. D'autre cofté fi l'objet prefent eft une chofe mauvaife & nuifible, nous le haïffons. Et fi ce mal eft abfent, & qu'il nous foit reprefenté comme devant arriver, cela excite en nous de la crainte.

Ce que c'eft que crainte. OR *cette crainte*, qui fait à nôtre fujet, *eft une émotion de l'ame agitée par les efprits, qui luy fait apprehender qu'un mal abfent luy arrive, ou qu'on luy ofte un bien prefent.* Elle a fous elle entr'autres efpeces la Jaloufie, comme les autres paffions en ont qui fe forment d'elles, ainfi que nous avons dit. Et c'eft à quoy il faut prendre garde pour en bien faire le difcernement:

nement : Car, par exemple, la Jaloufie n'eſt pas l'envie, parce que
l'envie vient de la triſteſſe, & eſt
une douleur que l'on reſſent du
bien qui arrive aux autres ; au lieu
que la Jaloufie eſt une crainte que
l'on a de perdre ou de partager un
bien dont on ayme la poſſeſſion. Et
cette Jaloufie a cela de propre,
qu'elle ne vient pas tant de la force des raiſons qui font juger qu'on
peut perdre la choſe que l'on poſ-
ſede, que des ſoupçons qu'on en a,
leſquels on prend pour des raiſons
conſiderables.

*Ce que
c'eſt que
Jaloufie.*

CHAPITRE III.

*Du Mariage ſelon les loix
de Nature.*

LA Jaloufie eſtant donc une
crainte de perdre ou de partager avec un autre un bien que nous
aymons & que nous poſſedons ;
il s'enſuit qu'elle ne peut avoir lieu

*Que la
Jaloufie
n'a lieu
qu'entre
perſonnes
mariées.*

D

qu'entre personnes, qui s'ayment,
& qui font comme en possession
legitime les unes des autres ; &
qu'ainsi on ne peut bien connoître cette passion, que premierement on ne sçache non seulement
ce que c'est que l'Amour ; mais encore ce que c'est que cette possession, c'est-à-dire, ou reside cet
Amour. En effet, si un homme
estoit tout seul au monde sans femme ; ou une femme toute seule sans
homme, il n'y auroit sans doute
ny Amour ny Jalousie : mais parce
que non seulement il y a grand
nombre d'hommes & de femmes
sur la terre ; mais que mesme ces
hommes & ces femmes font faits
les uns pour les autres (ce qui con-
stituë le mariage ou cette possession dont nous parlons) il faut
establir pour premier principe que
l'Amour & la Jalousie resident naturellement dans le mariage, ou
dans le desir que les hommes & les
femmes ont de se procurer cette
union entr'eux, laquelle ils regar-

dent déja comme prefente ; & qu'ainfi pour bien connoiftre la Jaloufie, il faut bien comprendre auffi ce que c'eft que le Mariage, & cette union faite ou à faire de l'homme & de la femme.

POUR y parvenir, il eft bon de fçavoir que l'homme vient au monde avec un defir & un penchant naturel pour la focieté[a] ; jufques-là que cette inclination eft fi forte en luy, que la pierre n'en a pas de plus naturelle pour tomber de haut en bas[b]. Et cela fans doute pour deux raifons : la premiere, parce qu'il n'y a rien d'excellent en foy comme la focieté, ny qui convienne mieux par confequent à l'excellence de l'homme, lequel outre la lumiere de la raifon, a le langage dont cette raifon s'exprime, comme un inftrument propre pour entretenir cette focieté. La feconde, parce que l'homme naiffant environné de befoins, il defire naturellement du fecours & du foulagement : ce qui fait que la fin

Que l'hômme defire naturellement la focieté, & pourquoy.

a *Grotius de Iure bel. & pac. pro legem.6.*
b *Marc Anton.lib 9.* Homo civile animal eft, & ad focietatem vitæ aptum naturâ. *Ar. Nicom.ęth. lib.9.cap.9.*

de cette societé estant le bien mutuel que les hommes esperent les uns des autres, & l'esperance de ce bien nous rendant naturellement chers ceux dont nous l'esperons, il s'en produit cette affection generale que les hommes ont entre eux, laquelle est comme le lien & le ciment de cette societé. Et comme cette affection augmente toûjours de plus en plus à mesure qu'elle se resserre davantage; & que mesme la [a] Nature a non seulement meslé le plaisir à cette affection ; mais a trouvé bon pour perpetuer les choses qu'elle a créées, de les distinguer de qualitez & de parties differentes (ce qui fait les differens sexes [b]) il arrive qu'un sexe dans tous les animaux sent une passion & une inclination naturelle de lier societé [c] avec son semblable [d] comme avec celuy qui luy convient le plus.

a *Arist. Nicomach. 8. cb. 14.*

b Naturalis societas maximè est inter feminam & Marem. *Id. de cum rei fam lib.1 cap.2.*
c *Plato leg.* 1.

f Omne animal diligit simile sibi, sic & omnis homo proximum sibi. Omnis caro ad similem sibi conjungetur,& omnis homo simili sui sociabitur. *Ecclesiastic. cap.* 13.

Toute espece icy bas en cette va-
ste enceinte,
Les hommes, les poissons, les bê-
tes, les oyseaux;
Enfin ce qui remplit l'air, la ter-
re, les eaux,
Sent de la mesme ardeur chacun
la mesme atteinte [a].

a *Virg.*

Et c'est ce que nous appelons Amour, dont les semences sont d'autant plus fortes, qu'elles sont naturelles & perpetuelles en nous; la nature s'en servant, comme j'ay dit, pour continuer l'espece de toutes choses, & reparer leur rui-ne & leur mortalité sur la terre par cette maniere d'immortalité [b] successive. Elles sont naturelles (dis-je) parce que la nature (pour me servir des paroles de nostre Philosophe [c]) outre la difference du sexe qu'elle a mise dans les hommes, aussi bien que dans les animaux sans raison, a mis aussi certaines impressions dans le cer-

D'où vient l'amour.

b Ipsa natu-ra hoc cir-cuitu com-plet perpe-tuitatem vi-tæ specie nimirùm cum ne-queat nu-mero. *Arist.* de cura rei fam. lib. 1. cap 3.
c M. des C. Traité des Passions.

veau , qui font qu'en un certain âge & en un certain temps on fe confidere comme defectueux , & comme fi on n'eftoit que la moitié d'un tout , dont une perfonne de l'autre fexe doit eftre l'autre moitié ; enforte que l'acquifition de cette moitié eft en quelque façon reprefentée par la nature , comme le plus grand de tous les biens imaginables.

Ce que c'eft que le Mariage. AINSI donc le Mariage qui eft une fociété particuliere de l'homme & de la femme , eft la plus naturelle & la plus parfaite focieté qui fe puiffe former ; puifque c'eft fur le modelle de celle-cy que les autres font formées , comme celle-cy l'eft fur le modelle de l'ame & du corps qui compofent l'homme , lequel eft un compofé admirable. En effet autant qu'une famille particuliere precede la focieté civile , & eft plus neceffaire qu'elle , puifque ce font les familles qui la compofent : autant le Mariage eft-il plus felon la nature , puifqu'il fert à la

continuation de l'espece, à laquelle tous les animaux ont plus de
penchant qu'à toute autre chose,
& qu'il est la fin de toutes les autres societez [d].

Or comme nulle societé ne peut
subsister que par le concert ou la
subordination des parties qui la
composent ; la nature a aussi im-
posé cette loy dans le mariage,
que l'un doit se soûmettre à l'autre pour former l'union, & tirer
l'utilité qu'elle se propose de cette
excellente societé. Et en effet nous
voyons que dans l'assemblage de
plusieurs parties, il y en a toûjours
une qui comme la plus noble domine sur les autres pour les maintenir dans cet assemblage. Nous
voyons que quand il se trouve
plusieurs volontez pour s'unir ensemble, il n'y en a qu'une qui est
la maistresse des autres pour maintenir l'union : Que les peuples se
dépoüillent eux-mesmes de leur
volonté & de leur pouvoir pour
en revestir un Monarque qui leur

*a Arist Ni-
comach lib.
8. cap. 14.*

*Que le
mariage
côme toute
societé sub-
siste par la
subordina-
tion des
parties.*

commande : Que les Republiques se font volontairement des Maîtres : Que des Societez & des Communautez de personnes élisent des Superieurs à qui elles obeïssent. C'est aussi cette subordination [a] entre semblables qui forme la societé du mariage, donnant de droit naturel l'empire entre les mains de l'homme à cause de la noblesse de son sexe, & imposant une necessité indispensable à la femme, à cause de la foiblesse du sien, de le respecter & de luy obeïr [b]. C'est, dis-je, une prerogative que le sexe donne, non seulement à l'homme, mais à toute sorte d'animaux, que la femme soit sous la main & la puissance du mary. Nous en avons l'experience dans chaque espece, où le masle est mieux partagé pour ce qui regarde les talents de commander que la femelle, & particulierement dans l'homme, qui a, generalement parlant, plus d'étenduë & de penetration d'esprit, plus de prudence, plus de grandeur & d'élevation

a Grotius de Iure bel. & p_cis l.b. 2. cap. 5. §. 8. 12. Pro dignitate enim vir imperat in quibus virum oportet imperare ; & quæ mulieri conveniunt ei permittit. Arist. Nico lib 8. cap. 12. b Uxor marito (inho nestis scilicet) obtemperabit non aliter, quàm si illius domum venisset empta ancilla. Ar. de cura rei fam lib. 1.

d'élevation d'ame, plus de courage, & plus de force [a]. Auſſi la famille d'un homme eſt comparée à
un Eſtat monarchique où il n'y en
a qu'un ſeul qui commande [b].

CETTE ſubordination eſt donc
tellement de l'eſſence du mariage,
que toutes les nations du monde
qui n'ont eu d'autre lumiere que
celle de la nature, ſont de tout
temps convenuës de rendre l'homme le maiſtre, & meſme le juge
ſouverain de ſa femme [c]. Ces peuples eſtoient perſuadez que les
hommes devoient ſe gouverner par
les loix publiques, & les femmes
par les loix de leurs maris [d]; juſ-
ques-là que la femme ne pouvoit
ſe rendre égale à ſon mary dans l'u-

[a] *Vives de Off. mar.*

[b] *Domeſtica principatum habet unius. Ar. de cura rei fam. lib.1. cap.1.*

Que touꝛ tes les Nations ont donné la prééminĕce aù mary dans le Mariage.

[c] *Lege Romuli uxor ita fuit in manu viri, ut de crimine ejus omni cum propinquis cognoſceret ſtatueretq;. Ex legis. Tacit.2.Ann.*

Mulier cùm divortium facit mulieri judex, procenſorque eſt imperium quod videtur habet. Si quid perverſe tetrè-que factum eſt à muliere multatur; ſi vinum bibit; ſi quid cum alieno viro probri fecit, &c. condemnatur. *Dion. Auctor. leg. 1 & Cato. Id ib.*

Pauciſſima in tam numeroſa (germanica) gente adulte-ria; quorum pœna præſens, & maritis permiſſa; Acciſis crinibus, nudatam coram propinquis expellit domo mari-tus, ac per omnem vicum verbere agit. *Tac. de mor. Germ.*

[d] *Socrat.*

E

fage de leur focieté, que par cette foûmiſſion. C'eſt la proportion que l'on doit garder (dit Ariſtote[a]) dans toutes les amitiez où l'un excelle pardeſſus l'autre. Car comme il n'y à point de veritable amitié qu'entre perſonnes égales, il faut que l'un ayme avec reſpect, afin que ce reſpect ſe joignant à l'amitié, réponde à l'élevation de l'amitié de l'autre, & faſſe cette égalité qui eſt le propre des amitiez,

a N'comach. lib. 8. c. 3.

> *Quand devant le mari la femme*
> *ſe ravale,*
> *Elle devient,* SEXTUS, *au mari*
> *meſme ègale,*

b Epigr:

comme le tourne Martial [b]. Et en effet le mari eſt le maiſtre de toute la maiſon, & toutes ſes volontez ſont ſans appel : ſon pouvoir meſme & ſon droit ſont plus grands ſur ſa famille, que n'eſt le pouvoir d'un Roy ſur ſon Eſtat : La femme gouverne la maiſon, mais ſous l'autorité du mari [c]. Et bien loin que

c Pier. de Off. mar.

cette dépendance tournast à la mortification ou à la confusion des
femmes, que rien au contraire ne
leur faisoit plus d'honneur que ce
respect, cette complaisance & cette obeïssance : Car c'estoit le caractere & l'unique vertu des honnestes femmes ; par où elles meri-
toient plus de loüanges , que par
tous les autres avantages qu'elles
pouvoient avoir d'ailleurs , lors
qu'elles s'aquitoient de ce devoir
sans repugnance. Les femmes , dit
Plutarque [a], meritent de la loüan-
ge, quand elles se soûmettent à
leurs maris : comme au contraire
lors qu'elles font les maistresses,
elles blessent plus la bien-seance,
que leurs maris mesmes en souf-
frant cette domination.

[a] Conjug.
præc.

AINSI si on demande quelle
doit estre naturellement la veritable regle de la conduite des personnes mariées entr'elles, aussi bien
que de toutes les autres amitiez,
ce n'est autre chose que de voir le
droit que chacun a dans cette so-

*Veritable
regle des
personnes
mariées
dans leur
mariage.*

a iro cum uxre & omnino amico cum amico quo modo fit vivendum fi quæratur nihil aliud eft quàm quærere quid inter eos juris intercedat. *Arift. Nicomach* 8. *ch*. 14. cieté ª ; afin que demeurant dans les bornes qui leur font prefcrites, ils maintiennent l'un envers l'autre cette harmonie qui fait que l'union de differentes parties fubfifte , & qui eft le fondement de l'amitié dans le mariage.

Que l'amour eft le fondement du Mariage. ET en effet l'amour ou l'amitié eft le ciment de cette focieté, qui ne feroit plus focieté fans union, ny union fans amour. C'eft pourquoy la foumiffion de la femme, auffi bien que l'empire de l'homme , doivent eftre inébranlablement fondez fur l'amour ; afin de faire regner la paix, le plaifir, & l'utilité, que la nature regarde comme la fin principale de cet admirable affemblage, Le mari doit eftre le maiftre de la femme, non comme on feroit le maiftre d'une chofe que l'on poffederoit ; mais comme l'ame l'eft du corps, dont tous les fentimens luy font communs, & avec lequel elle eft liée d'une

étroite amitié. De mefme donc
que l'ame a foin du corps fans toutesfois condefcendre à fes déreglemens ny au defordre de fes paffions : Ainfi le gouvernement du
mari doit eftre un gouvernement
de joye, de confolation & d'amitié [a]. Auffi les Anciens avoient
accouftumé de placer Mercure au-
prés de Venus, pour montrer que
le plaifir du mariage fe trouve particulierement dans la confolation
de l'entretien, dont Mercure eft le
fymbole. Ils luy donnoient auffi
pour compagnes la Déeffe de la
perfuafion & les Graces, pour faire voir que les maris doivent commander en perfuadant, & non pas
en querelant [b].

OR le veritable amour eft un
fentiment de l'ame, qui enfuite
d'un jugement qu'elle a fait, la por-
te à fe joindre de volonté avec les
chofes qu'elle eftime bonnes ; c'eft-
à-dire à paffer de foy-mefme en
l'objet aymé, & ne former par
cette jonction de volonté qu'un

[a] *Pluth.*
conjug pr.

[b] *Ibid.*

Ce que
c'eft que
l'amour
veritable.

tout, dont on pense que l'on fait une partie, & la chose aymée l'autre [a] :

a M. des C.
Traité des
Passions.

Mon ame a changé de sejour ;
Où je suis je ne croy pas estre ;
Où l'on ne me void point parestre,
Mon ame est là par mon amour.

dit Plaute. Ainsi l'amour fait que nous revestant entierement de la personne que nous aymons, nous n'avons plus d'ame, s'il faut ainsi dire, pour nous animer nous-mesmes, mais nous nous servons de celle de la personne aymée, pour la mettre en la place de la nôtre : C'est-à-dire que nous aneantissons toutes les facultez de nostre ame dans les facultez de l'ame de l'objet aymé ; tous ses mouvemens sont les nostres ; Nous desirons ce qu'il nous inspire de desirer ; Nous haïssons ce que nous luy voyons haïr ; Nous craignons ce qu'il craint [b] ; Enfin nous ne raisonnons plus que par son esprit &

b Laert. lib.
3. cap. 1.

fur fes principes ; & nous ne voulons rien que par fa volonté ; &
En un mot nous ne voulons que
ce qu'il veut [a] ; ou pour abreger
par les paroles d'Ariftote, la perfonne que nous aymons eft un autre nous-mefme [b].

C'eft cet amour qui eft un a-
mour tout divin, puifqu'il n'a
point d'autre motif que la vertu.
C'eft cet amour qui fe laiffe penetrer & tranfporter tellement de
ce qu'il trouve de loüable en la
chofe aymée, qu'il en fait toutes
fes delices. C'eft cet amour gene-
reux qui a fait tant d'illuftres
Amans.

VOILA en abregé ce que c'eft
que l'amour. Nous avons vu auffi
ce que c'eftoit que le mariage. Et
comme nous avons auparavant
fuppofé qu'il n'y avoit point de Jaloufie fans amour , & fans cet
amour qui unit mutuellement le
cœur de l'homme & de la femme :
Il feroit temps à prefent de voir
où nous pouvons placer cette Ja-

[a] Idem velle, atque idem nolle, ea demùm firma amicitia eft. Salluft. in Catil
[b] Amicus alter. Idem. Nicom. lib. 9. cap. 9.

Que la Ialoufie fenfuelle ne peut point avoir lieu dans le Mariage.

E iiij

louſie dont nous parlons icy. Mais de grace, ſi le Mariage n'eſt autre choſe de la part de l'homme qu'une ſuperiorité toute d'amour ; S'il n'eſt de la part de la femme que reſpect, que ſoûmiſſion, que complaiſance pleine d'amour ; Si avec cela le veritable amour n'a point de volonté ny de deſir que celuy de la perſonne aymée ; Et ſi d'autre coſté la Jalouſie eſt ce chagrin continuel qui ſe nourrit de ſoupçon, de défiance, de colere, de dépit, & qui ne s'exprime que par des emportemens, des opiniaſtretez, des repugnances, & des bizarreries, comme la choſe parle d'elle-meſme, où la placerons-nous ? & comment peut-elle compatir avec le veritable amour, & dans le mariage de perſonnes ſaines d'eſprit ?

Que l'amour ſenſuel enfante la Jalouſie ſenſuelle.

IL faut donc que cette Jalouſie vienne d'une autre ſource. Et comme il y a deux eſpeces d'amour, le raiſonnable & le brutal, il faut par neceſſité, que puiſque cet enteſte-

ment ne vient point du veritable
amour, comme nous en voyons
l'impoſſibilité, il vienne de l'autre
eſpece. Il y a (dit Platon) deux
ſortes d'amour, l'un celeſte, & l'autre tout terreſtre. Le terreſtre eſt
un amour aveugle, bas, & deshon-
neſte, qui ne s'attache qu'aux choſes mépriſables & honteuſes, &
ne porte jamais la veuë ſur les choſes relevées. Le celeſte au contraire eſt un amour clair-voyant qui
ne cherche que la vertu, & les
choſes qui excellent veritablement
en beauté, & qui ont par là rapport aux choſes celeſtes [a] : Ou,
pour l'exprimer avec les paroles
du Philoſophe [b] de noſtre ſiecle,
l'amour veritable ou raiſonnable
eſt comme celuy d'un pere pour
ſes enfans, lequel ne deſire rien
avoir d'eux, ou les poſſeder autrement qu'il fait, ou eſtre joint à
eux plus étroitement qu'il eſt:
mais les conſiderant comme d'autres luy-meſme, il recherche leur
bien comme le ſien propre, ou meſ-

Ce que c'eſt que l'amour ſenſuel.

[a] *Pauſan. in Symp. Plat.*

[b] *M. des C. Traité des Paſſions.*

me avec plus de foin ; parce que fe
reprefentant que luy & eux font
un tout, dont il n'eft pas la meil-
leure partie, il prefere leurs inte-
refts aux fiens, & ne craint point
de fe perdre pour les fauver. L'a-
mour brutal au contraire ne regarde que la poffeffion de l'objet auquel fe rapporte cette paffion, &
non pas l'objet mefme ; c'eft-à-
dire qu'on l'ayme pour fon intereft, & non pour celuy de la chofe aymée.

C'eft donc de cet amour de terre
& de chair, que vient la Jaloufie:
C'eft de cet amour par lequel nous
feignons d'aymer les autres en
n'aymant en effet que nous-mef-
mes ; par lequel nous avons une
fauffe joye du bien de nos amis &
une fauffe douleur de leurs maux
pour l'intereft particulier que nous
avons en l'un & en l'autre ; par lequel nous avons une feinte complaifance & une obeïffance diffi-
mulée pour leur volontez, afin de
les attirer dans les noftres ; par le-

quel nous craignons de les perdre, mais pour le bien que nous en esperons [a]. C'est enfin de cet amour que nostre amour propre enfante, selon les divers mouvemens qui l'agitent, que naist cette jalousie.

[a] Sunt qui utilitates in amicitiis spectant ut Epicurei, despicabiles ac sordidi homines, & amore indigni, ut qui amicum non amant sed seipsos. *Vic. de Off. mar.*

E T cela estant ainsi, n'est-il pas vray que si un mari n'ayme sa femme, & n'en est jaloux, que par le principe de cet amour propre, comme il ne peut pas en estre jaloux par un autre motif, il ne fait autre chose que signaler sa brutalité au lieu de signaler son amour ? N'est-il pas vray que si une femme n'ayme de mesme son mari, & n'en est Jalouse, que par un principe de l'amour de soy-mesme; si elle ne l'ayme que pour satisfaire à sa passion, elle ne rend par là que sa sensualité manifeste & publique, bien loin de se faire honneur, comme on pretend par cette Jalousie ? Et ainsi pour parler selon

Que des personnes sages ne se font point d'honneur d'estre jalouses.

le monde , il faut bien demeurer
d'accord que la Jaloufie eft une
marque d'un grand amour;mais que
c'eft d'un grand amour de foy-mefme : Que c'eft un excés d'amour;
mais un excés de concupifcence :
Que c'eft le fuprême degré de l'a-
mour ardent , mais le fupréme degré de la fenfualité : & partant
qu'il n'y à rien qui faffe plus de
deshonneur à un homme, qui veut
qu'on le croye homme raifonnable, que cette Jaloufie ; Ny rien
qui attire plus de derifion , & plus
de mépris à une femme, qui veut
paffer pour une femme qui a de la
pudeur & de la fageffe, que d'eftre
jaloufe.

CHAPITRE IV.

*Du Mariage des Chrestiens selon
sa premiere institution de Dieu
mesme, & son restablissement par*
JESUS-CHRIST.

Mais si la Jalousie ne convient nullement selon l'ordre de la nature, à des personnes
mariées, elle convient encore moins
à ces personnes là si elles sont
chrestiennes ; puisque la Jalousie
romp le lien de la societé que Dieu
a établie luy-mesme en créant
l'homme & la femme, & détruit
l'essence du mariage par lequel il
les a voulu unir pour leur donner
lieu de satisfaire à tous les devoirs
que le veritable amour exige d'eux
dans tous leurs besoins : & cela
d'autant plus que nous ne devons
pas considerer seulement ce penchant que la nature a imprimé dans
chaque animal pour son semblable;

*Que la
Jalousie
romp la
societé que
Dieu à
établi luy-
mesme.*

mais l'intention & la volonté de l'Auteur de la Nature, duquel nous fommes obligez d'accomplir les preceptes; puifque ce fera fur ces mefmes preceptes que nous ferons jugez à la fin des temps, ou pour la vie, ou pour la mort.

Pourquoy Dieu a établi le Mariage.

OR nous devons fçavoir que Dieu a établi le Mariage pour eftre *une focieté de l'homme & de la femme dans laquelle ils doivent eftre unis d'un lien indif-foluble* [a]; & que ce lien n'eft autre chofe qu'un lieu d'amour dont Dieu fe fert pour conferver la nature, & faire germer icy bas la charité parmy les hommes, jufqu'à ce qu'il la confomme un jour dans le ciel par la plenitude de fon amour.

[a] *Inft. I. Can.*

Combien forte eft l'union du mariage des chré-tiens.

ET en effet l'amour qui doit eftre le lien du mariage, pouvoit-il eftre mieux exprimé ny mieux ordonné de Dieu, que quand il dit que l'homme abandonneroit fon pere & fa mere pour demeurer uni à fa femme, & eftre une mefme chair avec elle, & que c'étoit un affemblage fait de la main de Dieu, qu'aucun homme ne devoit rompre [a] ? Auffi un Docteur [b] celebre expliquant ce paffage, dit que l'union du mari doit eftre d'autant plus étroite & infeparable avec fa femme, qu'avec fes autres parens, que la premiere femme du premier homme a efté formée d'une partie du corps de cet homme, au lieu qu'il n'eft point formé du corps de fes parens ; Dieu voulant donner à entendre par là que les perfonnes mariées devoient demeurer unies entr'elles, de mefme que fi elles n'eftoient qu'une feule perfonne ; & que le mariage eftoit inftitué pour ne faire qu'une feule chair par le moyen de la couche nuptiale. Et c'eft ce qui fuit par ces paroles ; *Il demeurera attaché à fa femme, & ils feront deux en une feule chair :* L'homme demeurera attaché (dit Dieu) par amour en aymant fa femme comme fon propre corps, & par la couche dont le lien doit eftre indiffoluble.

[a] Qui fecit hominem ab initio, mafculum & feminam fecit eos ; & dixit propter hoc dimittit homo patrem & matrem & adhærebit uxori fuæ & erunt duo in carne una ; ita que jam nó funt duo, fed una caro. Quod ergo Deus conjunxit homo non feparet. *Matth* 19.4.

[b] *Ianfen. in concord. Evang. c.11.*

Qu'eſt-ce en effet que quitter ſon pere & ſa mere, & demeurer attaché à ſa femme, ſinon l'aymer d'une affection qui ſurpaſſe toutes les autres, & meſme celles qui uniſſent naturellement les enfans à leurs peres, & qui ſont les plus fortes & les plus tendres [b] ?

a *Vives de* Off. mar.

De pere tu luy dois ſervir,
Et comme un frere la cherir;
Tu luy dois eſtre cette mere,
Qu'inceſſamment elle revere [b].

b Homer.

L'homme doit donc tenir lieu à ſa femme de pere, de mere, de frere, & de toute autre amitié. Bien davantage, deux perſonnes n'en doivent plus faire qu'une. Voilà le plus haut degré ou puiſſe monter l'amour. Voilà la fin de la plus ardente amitié que l'on puiſſe concevoir, d'eſtre tellement uny avec la choſe aymée, que l'on devienne une meſme choſe avec [b] elle. Auſſi eſt-ce le ſymbole de cet amour celeſte qui ſe conſommera

c *Vives de* Off. mar.

dans

dans les Elûs, lors qu'eſtant déli-
vrez de la chair du peché & re-
nouvellez par J. C. ils ne feront
qu'une meſme choſe avec Dieu [b].
Peut-il donc ſe trouver d'union
plus parfaite d'ame & de corps,
que celle des perſonnes mariées?
Peut-il y avoir rien de plus admirable, puiſque pour le comprendre
il faut concevoir une eſpece de mi-
racle, & s'imaginer que deux perſonnes ne ſont point deux, mais
une ſeule? c'eſt-à-dire que l'un
doit tellement eſtre uny à l'autre
par l'amour, que tout ce qui touche l'un, ſoit le bien, ſoit le mal,
touche ſi vivement l'autre, qu'il
ne ſe faſſe aucune diſtinction de
reſſentiment. C'eſt donc cet amour
miraculeux qui fait l'union du mariage: & cette union eſt indiſſoluble, ſelon noſtre divin Legiſlateur,
tant que l'amour y ſubſiſte, &
qu'il n'en eſt point banny par l'infidelité de la couche que Dieu a
conſacrée au mariage [c].

Or ſi c'eſt cet amour qui eſt

a *Id. ib.*

[b] *Ego autem dico vobis, quia omnis qui dimiſe-rit uxorem ſuam, exce-ptâ fornica-tionis cau-ſa, facit eam moechari, & qui dimiſ-ſam duxe-rit, adulte-rat. Matth. 5. 32.*

Que la Ialouſie ne peut com-patir dans le maria-ge des chreſtiens.

F

selon l'intention & les paroles de
Noſtre Seigneur, le nœud ſacré du
mariage des chreſtiens, y a-t-il
rien qui luy ſoit plus oppoſé que
la Jalouſie, puis qu'eſtant comme
elle eſt le germe pernicieux de la
luxure, qui eſt la plus effrenée de
nos paſſions, il eſt impoſſible qu'elle ſubſiſte avec la douceur & la
paix ſainte de l'amour qui unit le
mari & la femme? Et n'eſt-il pas
vray que cet amour eſtant un precepte de Dieu que nous violons
par ces mouvemens d'amour propre, il s'enſuit que nous commet-
tons un peché toutes les fois que
nous nous abandonnons à la Jalouſie? Et qu'ainſi de dire qu'un
homme ou une femme ſe font
honneur d'eſtre jaloux, c'eſt la
meſme choſe que ſi on diſoit qu'ils
ſe font honneur d'offenſer Dieu.

Contract de Maria-ge ſelon S. Paul.

MAIS afin que nous en ſoyons
convaincus, ſaint Paul ne nous ex-
plique pas ſeulement les volontez
de Dieu ſur ce ſujet; mais il fait
luy-meſme de ſa part le contract

de mariage entre le mari & la
femme ; en ce que d'un coſté il
recommande aux maris chreſtiens
d'aymer leurs femmes ; & que de
l'autre il recommande aux femmes
d'eſtre ſoûmiſes à leurs maris en
les aymant : *Maris aymez vos fem-*
mes, dit cet Apoſtre, *comme I. C.*
a aymé l'Egliſe, & s'eſt livré luy-
meſme à la mort pour elle : Ainſi
les maris doivent aymer leurs fem-
mes comme leurs propres corps [a].
Et en effet, dit un ſçavant Docteur [b] pour expliquer ce paſſage,
comme J. C. preſide & commande
à ſon Egliſe, & qu'il la gouverne
& protege pour le bien de cette
meſme Egliſe : De meſme un mari
doit commander à ſa femme, & la
gouverner pour ſon bien & celuy
de toute ſa famille : Où il faut prendre garde que lorſque ſaint Paul
ordonne aux maris d'aymer leurs
femmes, il leur apprend en meſme
temps qu'ils ne doivent pas leur
commander ny les gouverner im-
perieuſement, mais avec douceur

Qu'un
mary doit
aymer ſa
femme.

a *Eph. v. 28.*

b *Eſtius in*
Epiſt. ad
Eph. cap. 5.
22.

E ij

& amour , pour rendre d'autant plus leger le joug de la puiſſance de mari [c]. En effet il faut, dit un autre ſçavant homme, qu'un mari ſçache que le mariage eſt le plus haut degré de toutes les amitiez; & que l'amitié eſt bien differente de la tyrannie, puiſque l'on n'obeït ſous des Tyrans , que par force [c]. Voilà pour les maris.

a Id Epiſt. ad Coloſ. cap. 3.

b Vives de Off. mar.

Que les femmes doivent eſtre ſoumiſes à leurs maris.

POUR ce qui regarde les femmes , il ne ceſſe de leur preſcher la ſoûmiſſion : *Que les femmes , dit cet Apoſtre, ſoient ſoûmiſes à leurs maris comme au Seigneur ; parce que le mari eſt le chef de la femme comme I. C. eſt le Chef de l'Egliſe qui eſt ſon Corps , dont il eſt auſſi le Sauveur. Comme donc l'Egliſe eſt ſoûmiſe à I. C. les femmes auſſi doivent eſtre ſoûmiſes en tout à leurs maris* [c]. Les femmes doivent donc conſiderer la perſonne de Noſtre Seigneur J. C. qui eſt le Chef & l'Epoux de l'Egliſe , en la perſonne de leurs maris [c]. Et en effet ce reſpect n'exclud point l'a-

c Eph. cb. 5. 28.

d Eſtius in Ep. ad Eph. cap. 5. 22.

mour de la femme envers son mari:
Au contraire il doit eſtre joint à
l'amour, comme ſi ſaint Paul diſoit : J'ordonne que la femme non
ſeulement ayme ſon mari ; mais
auſſi qu'elle le craigne, & qu'elle
luy porte reſpect comme à ſon
maiſtre & à ſon chef à qui elle
doit ſoûmiſſion. C'eſt pourquoy
elle doit bien ſe garder de l'offencer [c]. Voilà pour les femmes.

EN quoy il faut admirer la ju-
ſteſſe & l'importance tout enſemble des paroles de ce grand Apô-
tre. Il dit aux maris, *Aymez vos
femmes* ; parce qu'il ſçait bien que
les aymant ils ne ſe porteront à aucune infidelité qui puiſſe alterer
l'union conjugale, puiſque l'amour
eſt le nœud & le ciment de cette
union : Il ſçait bien que les aymant
c'eſt s'aymer eux-meſmes, puiſqu'ils ne font qu'un corps avec [d]
elles, & les obliger à un amour
reciproque [c] : Il leur dit enfin,

a Id. ibid.

*Reciproca-
tion de de-
voirs entre
le mary &
la femme.*

b Qui dili-
git uxorem
ſuam corpus
ſuum dili-
git, & pro-
indè ſeipſū.
In quantum
caput &
corpus unū-
quid conſti-
tuunt. *Eſtius
in Epiſt. 1. ad
Cor cap. 7. 4.*

[c] Habet viri amor præſens continuo ſuum præmium : nam
& in pectus uxoris tranſiit ea flamma, ut ea quoque fla-
grantiſſimè amet. *Vives de Off. mar.*

Aymez vos femmes, pour leur donner à entendre que la superiorité du mari doit estre une superiorité toute d'amour. Et il dit aux femmes, *Aymez vos maris*, mais il ajoûte, *soyez sujettes à vos maris. Que celles qui sont plus avancées en aage*, dit-il[a], *inspirent la sagesse aux jeunes femmes en leur apprenant à aymer leurs maris & leurs enfans, à estre bien reglées, chastes, attachées à leur ménage, bonnes, soûmises à leurs maris*. Et il l'ajoûte, pour faire voir qu'une femme doit tellement aymer son mari qu'elle luy porte respect, & tellement le respecter qu'elle l'ayme : Car de ces deux sentimens meslez ensemble naist le devoir des femmes envers leurs maris. Une femme doit estre non seulement bonne & complaisante ; mais aussi estre soûmise & obeïssante à son mari, parce qu'il en est le chef[b]. L'Apostre ordonne donc la soûmission aux femmes ; parce qu'il est asseuré selon la nature de

a *Epist. ad Tit. 2. 4.*

b *Estius ad Tit. cap. 2. 4.*

l'esprit humain, que cette soûmission maintiendra infaillible-
ment l'amour dans le cœur de leurs
maris ; rien au monde n'estant
plus propre à fléchir le cœur & à
faire naistre l'amour que la soûmission ; & qu'ainsi la soûmission
des femmes nourrissant l'amour
dans les maris, & l'amour de ceux-
cy se reproduisant dans les femmes,
il en naistra cette merveilleuse
unité que Dieu s'est proposée en
distinguant les deux sexes & insti-
tuant le mariage, dans lequel par
ce contract saint l'homme apporte l'amour, & la femme apporte
le respect & l'obeïssance.

Aussi saint Paul ne definit pas
cet amour des maris comme un
amour commun ; mais luy propo-
sant pour regle inviolable l'amour
de J. C. pour son Eglise (autant
qu'il est permis à l'homme d'imiter ce grand modele) il établit le
plus grand de tous les amours,
puisqu'il ne peut pas estre plus
grand que d'estre mort pour elle,

Quel doit estre selon S: Paul l'amour des maris pour leurs femmes.

comme les maris font obligez de mourir pour leurs femmes s'il en eſtoit beſoin.

Pourquoy le Mariage eſt un ſacremët.

ET en effet, c'eſt ce qui ſanctifie le Mariage. Il eſt un ſacrement, parce que le conſentement des volontez & l'union des corps, ſignifient d'une part la charité qui eſt ſelon l'eſprit entre Dieu & l'ame juſte ou l'Egliſe, & de l'autre le ſacré Mariage que J. C. a contracté avec cette meſme Egliſe par le myſtere de ſon Incarnation [c].

a Inſtit. Iur. Can lib. 2. Tit. 9.

Ce ſacré Mariage doit donc ſervir d'exemple aux mariages des hommes : Les maris doivent aymer leurs femmes comme J. C. a aymé l'Egliſe : Non que ſaint Paul exige d'eux une égale affection ; mais ſeulement qu'ils imitent ſon exemple : Car les maris doivent regarder J. C. qui eſt l'Epoux de l'Egliſe, comme un modele, pour ce qui regarde l'amour dont ils doivent aymer leurs femmes [c].

b Eſtius in Epſt. ad Eph. cap 5. 22.

Quelle doit eſtre la ſoumiſ- ſion des femmes.

D'AUTRE coſté il n'entend pas parler à l'égard des femmes mariées

riées de quelque legere soûmiſſion, mais d'une soûmiſſion parfaite, & en tout ce qui peut regarder la conduite de la ᵃ famille
du mari dont elles font partie :
En ſorte que dans cette ſocieté il
n'y ait qu'une ſeule volonté qui
ſoit celle du mari, deux volontez
differentes ne pouvant former d'u-
nion : Et qu'ainſi, pour le dire encore une fois, le mari ne com-
mandant rien à la femme que de
raiſonnable, rien que de conforme au pouvoir que ¡Dieu luy a
donné, & à l'amour parfait qu'il
luy commande d'avoir pour elle;
Et elle de ſon coſté luy eſtant
obeïſſante & ſoûmiſe ſelon Dieu
en toutes choſes & ſans reſerve,
ils forment enſemble ce tout admirable, qui de deux ne fait qu'un
dans le mariage.

A u s s i eſt-ce ſur ces principes
inébranlables que les loix Eccle-
ſiaſtiques qui contiennent les preceptes de l'Evangile, & les inter-
pretations des Peres, auſſi bien

*a Eſtius in
cand. Epiſt.
Ibid.*

*Loix du
mariage
ſelon les
Canons &
les Peres.*

que les loix civiles se sont fondées pour établir la discipline que nous devons observer dans le mariage. Elles ordonnent toutes si unanimement l'amour mutuel des personnes mariées, la superiorité du mari, & la soûmission & l'obeïssance de la femme pour former le mariage, que si l'une ou l'autre de ces choses là vient à manquer, elles n'y reconnoissent plus de societé, quoy que le lien ne s'en rompe que par la mort de l'un des mariez: *Ce n'est pas la couche*, disent les Jurisconsultes, *mais le consentement des volontez qui fait le mariage*; & lors que ce consentement mutuel n'y est pas, il ne peut point y avoir de mariage [a].

a Instit. Iur. Can. lib. 2. tit. 2.

Avec cela tout est plein d'autoritez pour recommander à la femme la soûmission, la sujetion, & l'obeïssance. Nous apprenons que si on l'appelle maistresse ou compagne, ce n'est ny pour commander, ny pour partager l'autorité dans la famille [a]. Que quand on la marie, on la voile pour luy apprendre qu'elle doit estre humble & soûmise à son mari. *Aussi-tost*, dit saint Ambroise, *que Rebecca vid Isaac qui venoit, ayant demandé qui c'estoit, & appris que c'estoit celuy qui la devoit épouser, elle mit pied à terre, & commença à se couvrir d'un voile, nous apprenant par là que la pudeur doit marcher devant le mariage* [b]. Qu'il n'est pas permis à la femme d'accomplir un vœu de continence si son mary le luy deffend [c]; Et cela parce qu'elle doit estre en tout sujette à son [d] mari. Que c'est un ordre naturel que les femmes soient soûmises à leurs maris, aussi bien que les enfans à leurs peres & meres; parce que ce seroit contre justice que le plus grand fust soûmis au moindre [d]. Que la veritable marque que l'homme est l'image de Dieu, est qu'il est comme Seigneur & tenant l'empire qui appartient à Dieu, parce que tout

[a] Uxor domina est & socia rerum ipsius mariti. Sed Domina dicitur, quia nó poteft agi furti, licet furtum cómittat Gloss. Gratian. 27. q. 2. cap 17. cùm societas.

[b] Fœminæ dum maritantur, ideo velantur ut noverint se semper maritis suis subditas esse & humiles. Ex S. Isid. Gratian 30. q. 5. cap. 7.

[c] Gratian. 30. q. 5. cap.

[d] Grat. ibid. cap. 12.

a] Hæc imago Dei est in homine, ut unus factus sit quasi Dominus, ex quo cæteri orirentur, habens imperium Dei quasi Vicarius ejus. Quia omnis Rex Dei habet imaginem; ideoq; mulier non est facta ad imaginem Dei : Sic enim dicit, fecit Deus hominem, ad imaginê Dei fecit illum. Hinc etiam Apostolus; Vir quidem, ait, non debet velare caput suum, quia imago & gloria Dei est; mulier autem ideò velet, quia non est gloria aut imago Dei. Ex S. Augu. Grat. ib. c. 13

Roy porte en soy l'image de Dieu; D'où il est dit que Dieu fit l'homme, & qu'il le fit à son image. C'est pourquoy l'Apostre ajoûte, que l'homme ne doit point couvrir sa face; parce qu'il est l'image & la gloire de Dieu; au lieu que la femme la doit couvrir, parce qu'elle n'est ny la gloire ny l'image de Dieu [a]. Qu'une femme qui ne voudroit pas obeïr à son mari qui est le chef de la femme, comme J. C. est le chef du mari, ne pecheroit pas moins que feroit son mari s'il ne vouloit pas obeïr à J. C. & que la femme blasphême contre la parole de Dieu, lors qu'elle méprise l'arrest qu'il a prononcé en disant à la femme; *Tu seras sous la puissance de ton mari* deshonorant ainsi son saint Evangile, en ce que contre la loy & l'intention de la nature, elle qui est chrestienne, & qui par l'ordre de Dieu doit estre soûmise à son mari, veut neanmoins luy commander; quoy que mesme les fem-

mes payennes obeïſſent & ſe ſoû-
mettent à leurs maris, ſuivant cette commune loy de nature [a].
Qu'enfin il eſt juſte puis qu'Adam
a eſté trompé par Eve, & non pas
Eve par Adam, qu'elle prenne
pour maiſtre celuy qu'elle a rendu
complice de ſon crime, afin qu'elle
ne tombe plus par la foibleſſe de
ſon ſexe [b]. C'eſt là ce que nous
apprennent la Sainte Ecriture, les
Peres de l'Egliſe, & les Loix Canoniques.

*a Ex S. Hie-
ron. Grat. ib.
cap. 15.*

*b Ex S. Am-
broſ. Grat. ib.
cap. 18.*

DEMANDONS maintenant aux
gens du monde, ſi ſelon ces regles qui nous doivent eſtre ſacrées
& inviolables, puiſque noſtre perte ou noſtre ſalut en dépendent,
un homme qui fait profeſſion du
chriſtianiſme, imite comme il y
eſt obligé, l'amour & l'union de
J. C. pour ſon Egliſe, lors qu'il a
pour ſa femme une Jalouſie ſenſuelle ? Demandons-leur ſi une
femme chreſtienne ſe fait bien de
l'honneur d'eſtre jalouſe ; & comment elle peut accorder la pudeur

*Que la
Ialouſie ne
peut point
compatir
avec ces
principes.*

qui doit accompagner le mariage,
& ce Commandement de Dieu;
Femmes foyez foûmifes à vos ma-
ris ; avec cent contradictions dont
elle fatigue tous les jours fon mari, avec ces fiertez, ces emportemens, ces reproches, ces invectives, ces defobeïffances, ces dépits
que luy fuggere la Jaloufie? Sera-
ce eftre foûmife à fon mary que
de s'élever au deffus de luy pour
éclairer, pour cenfurer, pour examiner toutes fes actions, pour en
venir à des conteftations, à des
aigreurs, & à des mépris?

Bien loin que ces excés foient
les accompagnemens de la fainte-
té d'un Sacrement inftitué de Dieu;
c'eft un entier renverfement de la
loy divine & humaine; c'eft vio-
ler le mariage; c'eft enfin en rompre l'union: Car fi par ce contract
faint & inviolable que Dieu a pre-
fcrit dans faint Paul, le mari eft
obligé d'aymer fa femme du plus
parfait & plus pur de tous les a-
mours, & la femme obligée de

s'humilier, d'obeïr, & de se soûmettre à son mari; il s'ensuit que
le mari n'aymant sa femme que
d'un amour brutal qui le porte à
luy faire mille persecutions, & la
femme ne s'humiliant & ne se soû-
mettant point à son mari, ils dé-
truisent le commandement de
Dieu; l'un pour devenir un tyran
au lieu d'un pere; & l'autre pour
non seulement sortir des termes de
l'obeïssance qui est son partage,
mais aussi pour esteindre par ses
outrages la tendresse que Dieu
avoit commandé à son mari d'a-
voir pour elle. Et en effet s'il l'ayme aprés cela, comme il y est obligé par les regles de la charité, il
ne l'ayme plus que de l'amitié dont
on ayme des ennemis declarez, &
non de cet amour de mari tout
tendre & tout saint. Et cela estant
il n'y a plus d'amour conjugal, il
n'y a plus d'union, il n'y a plus de
societé, pour laquelle Dieu a insti-
tué le mariage.

CHAPITRE V.

Jalousie des maris, & son remede.

Jalousie cruelle.

SI on veut maintenant descendre de ces veritez generales aux actions particulieres, on verra les effets de ce que nous venons d'avancer. Mais qui peut estre capable d'en faire la peinture ? Qui peut donner avec des paroles l'idée de l'infortune des mariages, lors, par exemple, que ce pouvoir de mari se rencontre en la main d'un homme forcené de cette jalousie brutale, de cette jalousie si aveugle & si enragée, que la vertu mesme de la personne qu'il ayme l'irrite ? Nous faisons tous les jours l'experience de cette surprenante verité. Car comme il n'y a rien qui attire tant les cœurs que la vertu, plus les femmes de ces possedez en sont pourveuës, & en de-

Que plus la femme d'un homme déraisonnablement jaloux est sage, plus il est jaloux.

viennent plus aymables, plus leur
paſſion craint de les perdre, & plus
elle s'allume. Ce ſeroit donc vouloir décrire les cruautez d'une bê-
te farouche que rien ne peut reduire, que vouloir entreprendre de
dépeindre les inhumanitez de cette brutalité, quand elle eſt parve-
nuë comme il y en a juſqu'à l'excez de l'aveuglement & de la fureur. Ces perſonnes ont encore
cela de plus déplorable que les bê-
tes, que les plus éclairez meſmes
ſont ceux qui s'y laiſſent emporter
avec plus de violence, s'ils ſont
ſenſuels : Car comme ils ont l'eſprit penetrant, ils l'ont ſoupçon-
neux ; la défiance venant de cette
étenduë de bon ſens qui develop-
pe où croit developper les choſes
les plus cachées. Ainſi nous voyons
que les plus grands genies ſont
le plus ſujets à ces emportemens,
quand la ſenſualité leur tient lieu
de raiſon.

S i on en veut quelques exemples, nous pouvons prendre com-

Que plus
un homme
ſenſuel a
d'eſprit,
plus il eſt
jaloux.

Ialouſie de
Mitrida-
te.

me le premier venu dans l'Histoire celuy de Mithridate Roy de Pont, dont les belles qualitez & la puissance furent dignes d'attirer sur luy les armes des Romains. Ce Prince passionné de cet amour dont nous parlons icy pour Monime sa femme, qui estoit d'une rare beauté, mais qui avoit encore plus de vertu selon les termes de l'Auteur, la retint toute sa vie dans une prison d'Eunuques & de Barbares ; & à la fin ayant esté défait par les Romains l'envoya égorger par un Esclave, de peur qu'elle ne tombast entre les mains des vainqueurs, comme si mesme aprés sa ᶜ mort il en eut esté jaloux.

a Iust. Lipsius monit. & exempl. politica.

Ialousie d'Herode.

HERODE le Grand qui a surpassé tous les Princes de son temps en prudence politique, voulut l'imiter en cela, & avoit donné deux fois ordre de faire mourir Mariamne sa femme, si Antoine, & depuis Auguste, vers lesquels il fut obligé d'aller se justifier, l'eussent fait mourir luy-mesme ; & à la fin

outré de Jaloufie fur de faux rapports il la fit condamner à la
mort, quoy que ce fuft une Princeffe, comme dit l'Hiftorien [a],
extrémement fage & tres-chafte.

On n'auroit jamais fait fi on
vouloit s'étendre fur cette matiere. Mais pourquoy exaggerer les
effets pernicieux de cette paffion,
puifqu'il faudroit mefme les fupprimer. Il faudroit en effet bien
pluftoft guerir ce mal s'il eftoit
poffible, que d'en faire voir les
deteftables fuites. Mais le moyen
d'éclairer un aveugle ; de donner
confeil à un efprit qui n'écoute
plus celuy de la raifon.

Auffi comme il eft vray-fembla-
ble qu'il n'y à point de chreftien
qui fe porte aux extrémitez de ces
ames payennes & pires que des
beftes fauvages, nous les aban-
donnerons à eux-mefmes, puifque
Dieu les a abandonnez, & nous
adrefferons à ceux dont le fond
eft encore bon, & dont l'efprit
n'eft que comme un Soleil couvert

a Iofeph lib.
15 ch. 4 ch.
11.

Que cette
Jaloufie
eft incura-
ble.

de nuages qui reprend fa premiere clarté quand ils font diffipez.

Ces Jaloux font de deux fortes; les uns dont la Jaloufie eſt plutoſt une foibleſſe d'eſprit qu'un enteſtement; & les autres dont la Jaloufie eſt un aveuglement formé qui renverſe la raiſon.

Jaloufie de foibleſſe, & ſon remede. Un mari qui eſt au nombre de ces premiers Jaloux (leſquels nous pourrions appeller Jaloux raiſonnables, parce que la raiſon n'eſt pas tout-à-fait eſteinte en eux) doit toûjours regarder deux choſes dans la Jaloufie que luy donne ſa femme : La premiere, ſi la crainte qu'il a eſt fondée ſur quelques vray-ſemblance; & la ſeconde, ſi elle n'eſt appuyée que ſur des ſoupçons. Et en effet, puiſqu'il s'agit d'oſter à ſa femme l'honneur qui eſt égal à la vie, il faut puiſque le mari en eſt le Juge, qu'il apporte autant de precautions à la condamner, que s'il y alloit de ſa vie; autrement il commet une injuſtice.

Que si la vray-semblance & certaines manieres relaschées donnoient sujet à un mari d'apprehender un mal réel, il doit se souvenir des principes que nous avons établis, & sçavoir que non seulement ce n'est pas une Jalousie; mais que mesme son devoir l'obligeant en toutes rencontres de veiller sur la conduite de sa femme, de luy redresser l'esprit par ses bons conseils, & de luy faire appercevoir la mauvaise consequence de quantité d'actions, quoy que mesme si vous voulez indifferentes, qu'elle n'est peut-estre pas capable de discerner elle-mesme ; il doit encore avec plus de raison entreprendre cette correction, s'il est persuadé que sa femme n'ait pas assez d'attention sur elle-mesme. Il peut donc luy faire connoistre avec douceur & des paroles pleines de charité, le soin qu'elle doit apporter à éviter non seulement le mal ; mais encore plus, s'il faut dire ainsi, l'apparence du

mal : car l'honneur eſt en cela malheureux, que l'apparence le noir-
cit autant que l'effet. Il peut luy
faire voir l'exemple de quelques
vertueuſes femmes : car l'exemple
eſt de grande autorité ſur des eſprits qui n'ont pas encore mis la
pudeur ſous les pieds. Il peut uſer
d'addreſſe, & aprés avoir bien eſtu-
dié l'eſprit & les inclinations de
ſa femme, luy ſubſtituer quelqu'autre amuſement pour la détourner
du malheureux engagement où elle pourroit tomber : Dans des rencontres deſeſperées un moindre
mal tient la place d'un bien. Mais
ce qui peut eſtre de grand effet,
eſt que le mari vive d'une maniere avec ſa femme, qu'elle voye
manifeſtement l'injuſtice qu'elle
feroit d'avoir de l'indifference pour
luy ; c'eſt-à-dire que le mari l'en-
gage par toutes ſortes de petits
ſoins, de bontez, d'honneſtetez,
de careſſes à ſe déprendre d'elle-
meſme des illuſions qui luy pour-
roient troubler l'eſprit ᵃ. Et ſur

a Vir ea eli-
get quibus
ſibi animũ
uxoris con-
ciliet, illam-
que totam
devinciat,
propriam
que poſſi-
deat. *Ariſt.*
de cur. rei
fam.

tout il doit luy enseigner la continence par son propre exemple, estant injuste d'exiger d'elle ce qu'il ne pratiqueroit pas luy-mesme [a] ; puisque l'obligation est en cela reciproque [b].

Que si la Jalousie n'est fondée que sur des soupçons, & le trouble qu'il se donne luy-mesme ; c'est-à-dire si c'est cette Jalousie animale, dont nous avons fait plus haut la peinture, qui le travaille ; il doit la detester, il doit y opposer la raison & les armes dont la sagesse la fortifie ; il doit, selon les regles de nostre Philosophe [c], se persuader quand il se sentira le sang émû, que tout ce qui se presente à l'imagination tend à tromper l'ame, & que quand l'effort est violent, il faut s'abstenir d'en porter sur l'heure aucun jugement, & se divertir par d'autres pensées jusqu'à ce que le temps & le repos ayent entierement appaisé l'émotion du sang. Et comme quand on est attaqué inopinément par quel-

[a] Exemplo continentiæ docenda est uxor, ut se castè gerat : iniquum est enim ut id exigas quod ipse præstare non possis. *Lact. Inst.* II. *cap* 123.
[b] Quod non licet feminis æquè non licet viris, & eadem servitus pari conditione censetur *Hieron ad Ocean.*
[c] *M. des C. Traité des Passions.*

que ennemy, fi on eft faifi par la peur, il faut détourner fa penfée de la confideration du danger, en la portant fur celle de l'honneur qu'il y a de ne point fuïr; Il faut de mefme lorfque cette Jaloufie de befte agite l'ame par des imaginations defavantageufes à la femme, détourner fur le champ fa penfée, & l'arrefter fur ce que la femme peut avoir en elle de loüable.

Ialoufie formée & violente. A l'égard des Jaloux aveugles & tranfportez d'une Jaloufie violente, & qui n'eft plus en eftat d'entendre la raifon, ce n'eft proprement pas le malade que l'on doit guerir; car il n'eft plus capable de guerifon; c'eft la femme qui caufe la maladie: Elle doit fe guerir *Son reme-de.* elle-mefme fi elle veut guerir fon mari: Elle doit oppofer à toutes les perfecutions qu'elle fouffre,une vie toute oppofée à celle qui eft ou femble eftre le fujet de ces mauvais traittemens.

Pernicieux effets de l'adultere. ET pour cela la femme doit en premier lieu, éviter le mal, comme nous

nous venons de dire, & le soupçon
du mal. Elle doit éviter le mal en
se fortifiant l'esprit de ces consi-
derations, que l'infidelité, qui est
la marque d'une ame basse, la
couvre de honte elle-mesme, son
propre mari, & toute sa famille:
Et que si elle ne sent peut-estre pas
cette honte dans le fort de la jeu-
nesse, qui est comme le fort d'une
fiévre où on ne se sent pas, elle
se thesaurise pour la viellesse un
déplaisir mortel & une confusion
insupportable : Elle doit considerer que cette infidelité viole les
loix de la nature, les loix divines & humaines : Que c'est un lar-
cin & tout-à-fait énorme, si cette
infidelité a des suites : car il obli-
ge de droit naturel à restitution,
non seulement envers le mari ; mais
envers ceux à qui ceux qu'elle supposent ostent le bien. Et c'est ce
qui fait que par rapport d'une chose mauvaise à une plus mauvaise,
la Jalousie du mari est plus legitime que celle de la femme ; parce

H

que le crime de celle-cy envelop-
pe toute une famille, au lieu que
le crime de celuy-là n'interesse que
luy seul. Aussi Dieu avoit fait une
loy expresse, par laquelle il estoit
permis à un mari de faire conju-
rer sa femme par le grand Prestre
en presence de Dieu, c'est-à-dire
dans le Temple, sur le soupçon
qu'il auroit eu de son infidelité;
& on appelloit cela la loy de Jalousie, qui avoit ses ceremonies,
ses sacrifices, & des imprecations
[c] terribles : Et il n'y a rien de semblable pour la Jalousie des femmes.

a Num. 5. c.

La femme doit avec cela éviter
l'apparence du mal : Car encore
qu'elle sçache en sa conscience que
la jalousie de son mari n'a d'autre
fondement que le soupçon, elle ne
doit pas laisser d'effacer ce soupçon par toutes ses actions, comme
si c'estoit le mal mesme. Il faut
éviter tout ce qui peut donner de
l'ombrage. Il faut fuïr les compagnies suspectes des [b] hommes, les

b Non ad
mittit hæc
externum
quemquam
viro non ju-
bente, perti-
mescentes
ea imprimis
quæ vulgo
de mulierū
corruptela
perhiberi
solent. *Ar.*
de cura rei
fam.

rendez-vous, les promenades. Mais
il faut encore plus éviter la compagnie des femmes qui ne sont
pas reglées : Car elles sont bien
plus dangereuses que les hommes
mesme déreglez ; parce que ces
femmes ont de fausses apparences
de sagesse : C'est icy où a lieu en
un sens ce que dit l'Ecriture ; Que
l'iniquité de l'homme vaut mieux
que la vertu de la femme ª.

a Ecclesiastic.
42. 14.

QUOY il faudra donc, diront
les femmes qui s'ayment, se priver de tous les plaisirs, la prison
n'est pas plus dure? On ne dit pas
qu'il faille absolument se priver de
toutes les honnestes consolations ;
mais il faut conformer ses plaisirs
aux plaisirs de son mari : quoyque
mesme quand il faudroit se priver
de toutes ces inutilitez, à qui on
donne le nom de plaisir, y en a-t-il
en effet qui égale celuy de la paix
domestique? Est-ce un plaisir, par
exemple, de courir le bal les nuits,
& d'estre asseurée de trouver toûjours au retour un mari dans un

Que la
paix do-
mestique
est un bien
inestima-
ble.

transport de colere & de rage?
Eſt-ce un plaiſir d'aller à la Comedie avec des compagnies ſuſpectes, & d'eſtre aſſeurée que l'on
ſera au retour accablée d'injures?
Eſt-ce un plaiſir enfin de vivre
toûjours dans la crainte que le mari n'approuve pas les rendez-vous?
de vivre toûjours dans le déguiſe-
ment & dans l'inquietude? Rien
au contraire ne peut égaler le plaiſir de la paix & de l'union, ſelon
le ſentiment de ceux qui en ont
fait l'experience, & celuy de toutes les perſonnes bien ſenſées : juſ-
ques-là que l'on a établi pour maxime conſtante, qu'il ne pouvoit
rien arriver de plus avantageux ny
de plus ſouhaittable aux hommes
que la concorde ou l'union des
cœurs entre le mari & la femme
dans leur famille [a].

Il faut donc que l'honneſte femme qui veut maintenir la paix, &
guerir l'eſprit de ſon mari évite les
femmes ſuſpectes ; & attire en meſme temps chez elle les honneſtes

a Ulyſſes pronuntiat nihil eveni-re homini-bus poſſe, melius ne-que præſta-bilius, quàm concordiam inter uxoré & virum, & conſen-tientem vo-luntatem in domeſtica conſuetudi-ne. Ariſt. de cur.rei fam.

femmes, j'entens celles qui font veritablement honneftes ; & je dis de les attirer, puifque de les aller chercher, ce feroit peut-eftre nourrir le foupçon de fon mari. Outre qu'il en revient ce bien, qu'il void en elles un exemple de la douceur & de la confiance des autres maris.

Avec cela il faut qu'elle s'éloigne de toutes ces petites attaches qui contribuënt à la coqueterie ; Qu'elle s'employe à des chofes folides, & à la conduite de fa maifon ; Qu'elle pratique les vertus les plus oppofées à ces fortes de déreglemens ; Qu'elle s'occupe à l'ouvrage, & autres chofes qui donnent une idée éloignée du defordre dont on voudroit la foupçonner.

MAIS fur tout qu'elle évite le menfonge : Car rien au monde ne contribuë à donner plus d'ombrage à un mari, ny une plus mauvaife opinion de foy-mefme à tout le monde. Et en effet le menfonge eftant une marque vifible d'un ef-

Effets dangereux du menfonge.

prit double & rusé, cette idée porte un mari à des défiances & à des
jalousies sans retour. Comme au
contraire la candeur & l'ingenuité
a tant de pouvoir sur l'esprit, que
quand mesme il seroit prest de suc-
comber sous des vray-semblances,
elles le fortifient tellement qu'il
se donne à luy-mesme le démenty.
Or quand je dis qu'il faut éviter
le mensonge, j'entens dire qu'il
faut l'éviter jusques dans les choses de la moindre importance, parce que les plus legers mensonges
font icy le mesme effet que les plus
atroces.

　　Nous en avons un exemple si-
gnalé dans l'Histoire en la personne d'Eudoxe femme de l'Empereur
Theodose le jeune. On donna un
jour à l'Empereur une pomme rare & d'une grosseur excessive; Et
cela fit qu'il l'envoya par honnesteté à l'Imperatrice. Elle la reçut, & sans penser en mal la donna incontinant aprés à un nommé
Paulin sçavant homme, qu'elle

confideroit , parce qu'elle eftoit fçavante elle-mefme. Celuy-cy ne fçachant pas d'où venoit cette pomme, va par un bon motif l'offrir à l'Empereur, comme une chofe digne de luy eftre prefentée pour fa rareté. L'Empereur admire d'abord la pomme , ne croyant pas que ce fuft la mefme, à la fin il la reconnoift & en prend ombrage. Il part fur le champ, va voir Eudoxe , luy demande adroittement la pomme. Elle ne fçachant rien de ce qui s'eftoit paffé, alla dire par jeuneffe, & peut-eftre de crainte que l'Empereur ne trouvaft mauvais qu'elle l'euft donnée , qu'elle l'avoit mangée. L'Empereur la luy demande une feconde fois, elle luy répond la mefme chofe & en jure. Et incontinent le Prince fe mettant tout de bon en colere luy fait voir la pomme & fon menfonge, la foupçonne d'un amour criminel, fait mourir Paulin & exile Eudoxe [c].

Voilà la fuite d'un feul menfon-

a *l. Lipf. mon & ex. polit. lch.I.*

ge & d'un tres-leger menfonge, qui emporta tout d'un coup la balance dans l'efprit d'un mari, fur le merite, la vertu & les belles qualitez de cette Princeffe, qui en eſtoit en effet ſi bien partagée, que ce fut par cela ſeul que de perſonne particuliere qu'elle eſtoit, elle parvint à l'honneur d'eſtre l'épouſe d'un Empereur. Auffi cette vertu éclata juſqu'à la fin : Car s'étant retirée à Jeruſalem, l'Hiſtoire ajoûte, qu'elle y veſcut & mourut en odeur de ſainteté. Ce que je dis pour faire voir l'effet pernicieux de la duplicité, quelque innocente qu'elle nous paroiſſe.

Mauvais effets de l'arrogance.

L'HONNESTE femme outre tout ce que nous venons de dire, aura ſoin auffi de témoigner tant de complaiſance pour ſon mari, que jamais elle ne perde le reſpect qu'elle luy doit, quelque mauvais traitement qu'il luy faſſe. Il n'y a rien qui irrite cette paffion comme la reſiſtance & le mépris. Ce qui arrive d'ordinaire par la confiance qu'ont qu'ont les femmes en leur beauté ou en d'autres avantages exterieurs & particulierement en l'amour a-veugle que leurs maris ont pour elles ; elles regardent leurs attraits comme une chaiſne dont elles les traiſnent où bon leur ſemble ; & plus elles voyent en leurs maris ces tranſports vehemens d'amour , plus elles ſont fieres & orgueilleuſes.

Cependant elles ne ſçavent pas que cet amour eſt , comme on le qualifie , un amour malade que des redoublemens frequents font degenerer en une phreneſie ou hai-neǀmortelle. Cette Mariamne dont nous avons parlé , leur en peut fai-re la leçon. *Elle ſurpaſſoit infini-ment en beauté,* dit l'Hiſtorien, *en majeſté , & en bonne grace toutes les autres femmes de ſon ſiecle : & tant de rares qualitez furent la cauſe de ſon malheur : parce que voyant le Roy ſon mari ſi paſſion-né pour elle, elle crut n'en pouvoir rien apprehender : Elle perdit le reſpect qu'elle luy devoit* [a]. Et a Ioſeph lib. 15 cb.11.

qu'arriva-t-il ? Le Roy changea
son amour en fureur, écouta de
fausses accusations contre son honneur, & sa jalousie souffrit, comme nous avons dit, que l'on con-
damnast *à la mort cette innocente
princesse.*

C'est la mesme chose que ce que
fit un Chevalier Romain. Tout le
monde s'étonnoit de ce qu'il avoit
chassé sa femme, parce qu'elle
estoit parfaitement belle & agreable : Et de sa part s'en estant sepa-
ré à cause de sa fierté & de ses mauvaises humeurs dont elle le fati-
guoit sans cesse en particulier, il
ne dit autre chose, sinon leur mon-
trant son soulier ; *Si vous l'aviez
chaussé vous verriez bien où il
blesse* [a].

a S. Hieron.
contra Io-
vin.

Il faut donc que nostre honneste femme n'ait aucune presom-
ption, ny de ce que peut-estre elle
a plus de naissance que son mari,
ny de ce qu'elle luy a apporté un
grand mariage, ny de ce qu'elle est
belle : mais elle doit mettre sa con-

fiance dans les chofes qui peuvent le plus toucher fon efprit : Et c'eft la bonne conduite ; c'eft la douceur, la complaifance, l'obeïffance : En forte qu'au lieu d'eftre de plus en plus opiniaftre & incommode, comme c'eft l'ordinaire, elle foit de plus en plus agreable & aymable par toutes fes actions [a].

Pour y reüffir, elle doit, comme nous avons dit, porter les excez de la jaloufie de fon mari avec grande douceur & grande humilité ; fe fouvenant que le premier jour de fes nopces, elle reçut pour loy de la part de Dieu de fe conformer aux humeurs de fon mari [b].

AINSI il faut qu'elle fupporte patiemment toutes fes manieres brufques ; & cette patience fe recompenfera par la paix dont elle joüira [c]. Et en effet il n'y a rien qui foit plus capable de defarmer cette furie, & d'arracher d'entre fes bras cet efprit qu'il obfede, que l'humilité & la douceur avec laquelle une honnefte femme diffi-

a *Pluth. conjug.præc.*
b. *Legem fibi ingeniú & mores viri fui latam divinitùs, eo tempore quo nuptiæ junctæ, & vitæ fors confociata fuit. Arist. de cura rei fam.*
Effets avãtageux de la patience.
c *Quod fi illa æquo animo virimores feret ad modum facilis erit domestica administratio; fin minùs perquàm difficilis Arist. ibid.*

mule & prend en bonne part les excez de cette jalousie, les attribuant à la promptitude & à la mauvaise humeur. Par ce moyen la vertu de la femme recevant comme un nouvel éclat, son mari la reconnoist & s'y rend aussi - tost que le nuage de cette passion est dissipé [a].

[a] Si quid animo commoto vir egerit atque deliquerit, ejus statim (uxor) obliviscatur aut interpretetur in bonam partem; imprudentiæ, negligentiæque, & ægritudini adscribendo, &c. depulsâ nube perturbationum virtutem ipsius vir clariùs perspiciet. Arist. ibid.

Avoir en dernier lieu recours à Dieu.

MAIS afin que tous ces remedes operent contre la vehemence de cet emportement, il faut pour dernier moyen avoir recours à Dieu par les prieres, la penitence & les larmes: car c'est par ce moyen que l'on chasse les demons [b] fanatiques. Il faut gemir devant luy, il faut luy demander la force de porter patiemment les afflictions qu'il nous envoye, & qu'il envoye quelquefois de cette maniere pour honnorer de bonnes Ames de la gloire du martyre. Il faut mettre nostre

[b] Hoc autem genus non ejicitur, nisi per orationem & jejunium Matth. 17. 20.

innocence entre ses mains : Et tres-
assurément comme il est le premier
& le veritable Epoux de la femme
chaste, il la prendra en sa protection, il changera le cœur du mari, ou, comme je dis, il sanctifie-
ra la femme par ces persecutions.

CHAPITRE VI.

*Jalousie des femmes, & son
remede.*

Nous venons de voir quel-
ques effets de cette Jalousie
violente & de beste sauvage ; en
voici une autre d'un caractere tout
different, & ce qui est admirable
infiniment plus dangereuse & plus
insupportable que l'autre. La Nature ayant refusé la force à la femme, elle luy a donné en recom-
pense la finesse ᵃ : c'est pourquoy
la femme fait par l'artifice, tout ce
que l'homme feroit & au delà par
la voye ouverte de la violence.

*Que la
Ialousie
des fem-
mes est
plus dan-
gereuse
que celle
des hom-
mes.*

a Pectus in-
struxit dolis
sed vim ne-
gavit Senec.
octav.

En sorte que comme la Jalousie des hommes passe à des emportemens visibles ; la Jalousie des femmes consiste pour la pluspart toute en ruse, en dissimulation, en recherche, en pieges, en murmure, & en mauvaise humeur. Et quoy que d'abord elle ne paroisse pas si funeste ny si dangereuse ; elle l'est toutesfois d'autant plus , que les ennemis couverts sont bien plus dangereux que les ennemis declarez , & qu'*on demeureroit plus volontiers avec un lyon & avec un dragon*, comme parle le Saint Esprit[a], *qu'avec une meschante femme*. Et en effet cette Jalousie violente a quelques intervales , ses bons momens excusent ses fougues: mais cette Jalousie artificieuse & sourde ne quitte jamais prise; c'est un poison lent qui ne donne point de relasche, & qui est presque sans remede.

ELLE est mesme d'autant plus incurable, que l'esprit des femmes jalouses se flatte de quelques rai-

a. Commorari leoni & draconi placebit, quàm cum muliere nequam. *Ecclesiasti.* cap.25. 23.

Abus des raisons dōt les femmes se fortifiēt pour estre jalouses.

fons pour rendre leur paſſion legitime, & l'appuyer comme ſur un
droit naturel. Cependant comme
ces raiſons ne font que tenebres
qui les empeſchent d'écouter la veritable raiſon, & un droit qui eſt une
pure uſurpation; il eſt bon de les
conſiderer en particulier, afin, s'il
eſt poſſible, de détromper les femmes & de rétablir l'ordre qui eſt
le fondement de la paix des mariages.

ELLES diſent donc en premier
lieu, que quand meſme la ſoûmiſſion que les femmes doivent à leurs
maris, ſeroit de precepte & ſelon
les loix de la Nature, les com-
mandemens de Dieu, & la diſci-
pline Eccleſiaſtique & Civile, elle
ſeroit reciproque à l'égard du mari, auſſi bien que de la femme; ou
du moins elle ne ſeroit qu'une ſoûmiſſion de bien-ſeance & d'hon-
neſteté, puis qu'outre que le lien
par lequel le mari eſt attaché à la
femme, eſt auſſi indiſſoluble à ſon
égard qu'à celuy de la femme, ils

I.

Si la ſoû-
miſſion des
femmes à
l'égard de
leurs ma-
ris eſt re-
ciproque,
parce que
le lien du
mariage
eſt égale-
ment in-
diſſoluble,
& les deux
ſexes na-
turellemẽt
égaux.

font naturellement égaux entr'eux pour tout le reste.

Et en effet (disent-elles) la Nature ayant fait la femme & l'homme égaux en toutes choses, il est ridicule de pretendre que l'un soit inferieur à l'autre. On prouve cette égalité invinciblement (à ce que l'on croit) en disant que la Nature n'a rien donné à l'homme, qu'elle n'en ait autant donné à la femme : Un corps pareil composé de mesmes organes & de mesmes sens, & par consequent capable des mesmes choses ayant la mesme force & la mesme adresse : Une ame de mesme raisonnable, & susceptible de toutes les connoissances & de toutes les fonctions dont les hommes sont capables.

On établit ces choses par des exemples authentiques, que les hommes mesmes, quelque conspiration qu'ils ayent fait entr'eux d'éloigner les femmes des sciences, des dignitez, & des emplois, ne peuvent pas desavoüer. On fait

voir des Amazones porter genereu-
sement les armes, combattre vail-
lamment, & vaincre glorieusement
les hommes. On fait voir des femmes exceller dans les sciences les
plus relevées, dans les arts, dans
les langues. On en rapporte qui
ont regné & gouverné des Estats
plus sagement que des hommes.
On allegue mesme des peuples qui
ont mieux aymé estre commandez
par des femmes que par des hommes [a], qui les ont reverées comme des divinitez, & ont reçu leurs
avis comme des oracles. On fait
voir enfin la force de cette verité
en faisant voir des Estats où le droit
de succession est ouvert aux femmes indistinctement aussi bien
qu'aux hommes.

Et si on veut passer à la Religion, on montre que Dieu a créé
la femme aussi bien que l'homme,
& d'une matiere encore plus noble. On montre que si elle a esté
créé d'un des os de l'homme, ce
n'est pourtant pas l'homme qui l'a

[a] Solitum
Britannis fe-
minarum
ductu bella-
re. *Tacit. in
Agr.*
[b] Inesse iis
sanctum ali-
quid ac pro-
vidum pu-
tarunt. *Id.
de mor.
Germ.*

Necconsi-
lia earum
aspernabâ-
tur, nec res-
ponsa ne-
gligebant.
Ibid.

produite, Dieu l'eſtimant auſſi digne de ſa creation qu'il en avoit
eſtimé l'homme. Que pour comble meſme d'égalité le Sauveur du
monde eſt mort pour les femmes
auſſi bien que pour les hommes ;
qu'il leur a ouvert également le
treſor de ſes graces ; & que ſi dans
la loy de ce divin Maiſtre la grace
a fait des martyrs parmy les hommes , elle en a fait auſſi parmi les
femmes ; que ſi elle a fait des
ſaints , elle a auſſi fait des ſaintes ;
ſans dire meſme , pour établir ſi
on vouloit la prerogative des femmes , que J. C. leur a fait l'honneur
de s'incarner dans une Vierge. Ce
qui eſtant ainſi , c'eſt ſe préoccu-
per que de vouloir que les femmes
doivent ceder aux hommes.

Que la soumiſſion regarde uniquemēt la femme. POUR répondre à cette objection, il eſt bon de prendre garde
que quand on dit que les hommes
& les femmes ſont égaux entr'eux,
c'eſt la meſme choſe que de dire
que les deux ſexes ſont égaux. Car
cette generalité comprend tous les

individus ou perſonnes qui ſont contenuës dans chaque eſpece ou chaque ſexe. S'agiſſant donc de voir ſi les hommes & les femmes ſont égaux, il s'agit de comparer les deux ſexes par cette totalité de perſonnes qui les compoſent, & non pas par les perſonnes en particulier. Car autre choſe eſt le tout, autre choſe ſont les parties qui le compoſent ; c'eſt-à-dire que le tout a des qualitez comme tout, que les parties n'ont pas. Ainſi il faut faire comme une eſpece d'abſtraction, & comparer un tout à un autre tout, & non pas les parties des deux tous entr'elles. Qui pourroit en effet comparer dans le détail chaque homme à chaque femme, pour ſçavoir, par exemple, ſi le nombre des hommes eſt égal à celuy des femmes ; combien entr'eux & elles il y en a de plus grands ou de plus petits, de plus ou de moins forts, de plus ou de moins adroits, de

plus ou de moins spirituels, de plus
ou de moins sçavants, de plus ou
de moins vertueux ? Qui pourroit,
dis-je, faire cette comparaison, pour
pouvoir en conclure qu'un sexe est
égal ou inégal à l'autre ? C'est donc
par cette totalité de personnes pri-
ses comme en une masse, qu'il faut
comparer les hommes aux femmes.

Avec cela il est à propos de
bien entendre le mot d'égal, pour
ne pas prendre le change. Les Geo-
metres admettent deux sortes d'é-
galité, une absoluë, & l'autre proportionnelle. Une chose est absolument, ou pour mieux dire veritablement égale à une autre, lors
que cette chose là comparée à cette autre, la contient autant de fois
qu'elle en est contenuë en mesme
raison ; comme deux cercles de
mesme grandeur seront égaux,
parce que les parties de l'un seront égales en mesme raison aux
parties de l'autre, c'est-à-dire que
l'un les contiendra en mesme gran-

deur & autant de fois que l'autre contiendra celles de l'autre. L'égalité proportionelle ou imparfaite eft, quand deux grandeurs n'ayant pas leurs parties de mefme étenduë, les ont pourtant en mefme proportion ; comme un petit cercle aura 360. degrez auffi bien qu'un grand, quoyque ces degrez ne foient pas de pareille grandeur [a].

C'eft par le moyen de cette comparaifon que l'on trouve l'égalité ou l'inégalité des grandeurs materielles. Et parce qu'il y a auffi des degrez, & du plus & du moins entre les chofes fpirituelles & morales, on les compare par analogie de mefme façon & avec la mefme methode, & on fe fert du mefme terme *d'égal*, pour exprimer les chofes qui ont des qualitez égales entr'elles. Et c'eft ce qu'il faut faire icy : Car les hommes & les femmes eftant compofez de corps & d'ame, c'eft par ces deux parties qu'il faut voir fi ces deux efpeces

[a] Nouv. Elem.de Geo. liv.II.

font égales entr'elles, & de quelle
forte d'égalité. Eftant vray de dire que fi elles ont entr'elles une
telle égalité, qu'une efpece ne con-
tienne ou n'ait pas plus en foy que
l'autre, cette égalité par fon nom
mefme exclud toute fuperiorité,
& que c'eft faire injure aux femmes de pretendre qu'elles doivent
fe foûmettre aux hommes. Comme d'autre cofté fi on fait voir que
de dire abfolument que les hommes & les femmes, ou ce qui eft
la mefme chofe, que les deux fexes font égaux, c'eft une abfurdité & un fophifme, perfonne comme je penfe, ne fera fi déraifonna-
ble que de vouloir fe roidir contre
les loix de la raifon & de la nature,

Or quoy qu'il paroiffe vifible-
ment par les principes que nous
avons établis, que les deux fexes ne font point naturellement
égaux, on peut encore neanmoins
le montrer facilement en prenant les chofes de plus haut, &

suivant en peu de mots le parallele
des femmes & des hommes que
fait cette objection. Il est donc
vray que la Nature a donné un
corps & une ame aux femmes de
mesme nature qu'aux hommes :
mais il n'est pas vray que ce corps
& cette ame soient partagez de
qualitez égales à celles des hommes,
& par consequent également capables des mesmes choses.

Le corps de la femme est sujet
à des infirmitez, dont le corps de
l'homme est exempt : Elles passent
avec cela la moitié de leur vie à
porter leurs enfans, à les mettre
au monde, & si on veut à les nourrir ; ce qui est un engagement, &
comme une autre espece d'infirmi-
té indispensable, à laquelle les hommes ne sont point sujets. Or ces
infirmitez causant par une consequence de la nature une foiblesse
comme naturelle dans les femmes,
il s'ensuit que les hommes, aussi
bien que les masles de la pluspart
des animaux, comme nous avons

dit en un autre endroit, ont plus de force & de vigueur que les femmes & les femelles. L'experience le montre sans qu'il soit besoin de paroles pour le prouver. Et la raison mesme nous fait voir que la chose ne peut pas estre autrement; puisqu'il est raisonnable d'attendre plus de vigueur, plus de force, & plus d'execution en toutes choses d'un corps sain, fort, & vigoureux, que d'un corps infirme & foible.

Maintenant si selon la mesme experience & le sentiment de tous les Philosophes, l'habitude du corps passe à l'ame, parce qu'elle a une liaison si étroite avec luy qu'elle en contracte les qualitez, il s'ensuit que comme le corps de la femme est foible, l'esprit est foible aussi. *Le corps* (dit Seneque[a]) *est le poids & la peine de l'ame ; quand il l'opprime elle succombe : car il la tient captive.* C'est pourquoy nous voyons que les femmes sont le plus souvent sujettes aux vices qui accompagnent ordinairement la foiblesse;

a *Epist.65.*

se [a] ; comme d'eſtre timides , pa-
reſſeuſes , ſujettes à leurs plaiſirs,
ſoupçonneuſes , changeantes , in-
diſcretes, ſuperſtitieuſes, artificieu-
ſes , envieuſes , avares , vindicati-
ves , & les autres , qui ſont tous
defauts contraires à cette force
d'eſprit qui rend une perſonne capable de rejetter l'illuſion & d'em-
braſſer la verité.

Cela eſtant, comme il eſt ſans
doute, puiſque la nature nous le
montre au doigt , il eſt facile de
conclure que les deux ſexes ne ſont
point égaux. Mais pour nous en
convaincre tout d'un coup , nous
n'avons qu'à appliquer aux hommes tout ce qui ſe peut dire des
femmes , & nous y verrons une
difference ſenſible. Déja il eſt certain , & l'experience nous le montre, que tous les vices dont nous
venons de parler , ne ſont point en
pareil degré dans les hommes generalement parlant , que dans les
femmes. Et pour les vertus , imaginez-vous autant de femmes qu'il

[a] Quæcum-
que attri
buit corpo-
ris tempe-
ratura, cùm
multum ſe
diuque ani-
mus com-
poſuerithæ-
rebunt. Se-
nec. ep. 11

Sunt &
quædam
(peccata)
non huma-
næ ſimplici-
ter naturæ,
ſed huic &
nunc inévi-
tabilia ob
carporis có-
cretionem
in animum
tranſeunté.
*Grot. de jure
bel & pac.
liv.2.ch.20.
§.19.*

vous plaira qui ayent excellé ou
qui excellent en vertu ; vous trouverez encore plus d'hommes : Ima-
ginez - vous les femmes les plus
fçavantes qu'il vous plaira ; vous
trouverez des hommes encore plus
fçavans : Imaginez-vous tous les
plus beaux ouvrages que vous pour-
rez que des femmes ayent faits ;
vous trouverez que les hommes en
ont fait encore de plus beaux : Ima-
ginez - vous enfin toutes les plus
belles, les plus heroïques, les plus
grandes actions de femmes qu'il
vous plaira ; vous en trouverez encore de plus grandes & de plus
éclatantes du cofté des hommes.

Il y a donc une inégalité dans les
deux fexes manifefte & naturelle.
Et c'eft avec raifon, puifque l'Auteur mefme de la Nature l'a preci-
fément établie dans la creation de
l'homme & de la femme. Car encore qu'il ait créé la femme auffi
bien que l'homme, il a pourtant
créé l'homme le premier ; & n'a
mefme créé la femme qu'à caufe

de l'homme & pour l'homme. *Il n'eſt pas à propos (dit Dieu* [a]*) que l'homme ſoit ſeul; faiſons-luy une ayde ſemblable à luy* : ou comme portent les autres textes, *un ayde qui ſoit à ſa diſpoſition*, ou, *qui ſoit ſelon luy & luy convienne* [b]. Or ce qui eſt l'ayde d'une choſe, ou ce qui n'eſt fait que pour une choſe, n'eſt pas ſi excellent que la choſe meſme à qui elle ne ſert que d'ayde. C'eſt une maxime naturelle dont la Philoſophie fait un axiome [b]. Avec cela ce qui eſt ſemblable, commode, ou convenable à quelque choſe, ne luy eſt pas égal ſelon les regles de la Geometrie [c], comme nous allons dire toute à l'heure: Et partant puiſque par la Nature & par la bouche de Dieu meſme l'homme & la femme ne ſont point égaux, il s'enſuit que l'homme a une prerogative naturelle pardeſſus la femme; & qu'ainſi puiſque la Nature veut que le moindre cede au plus grand, & le plus imparfait au plus parfait,

a *Gen.* II. 18.
b *Simile ſibi:* Chaldæus *quod ſit penes eum:* 70. ſecûdũ eum Eſt autem mulier viro ſimilis in natura, ſtatura, loquela, &c. *Menochius in Gen.* II. 18.
Penes te amplius eſt quàm apud te : nam apud te eſt, quod qualitercumque à te tenetur: Penes te eſt, quod quodammodo à re poſſidetur. *Vlpian. l. Penes § de Verb. ſignif.*
c *Propter quod unûquodque eſt tale, & illud magis.*
d *Nouv. Elem. liv.* 12. 11.

c'eſt une verité conſtante que la ſuperiorité appartient à l'homme de droit naturel. Cette conſequence ne ſouffre point de difficulté dans l'eſtat d'innocence & de la pure nature : Et pour l'eſtat du peché, non ſeulement la ſuperiorité de l'homme eſt confirmée authentiquement ; mais la ſoûmiſſion de la femme devient meſme de precepte : *Tu ſeras* (ordonne Dieu [a] à la femme) *ſujette à ton mari, & il aura domination ſur toy.*

Auſſi comme les maximes qui regnent univerſellement parmi les hommes tirent leur origine de la Nature, nous voyons que la prerogative de l'homme ſur la femme a eſté toûjours generalement établie par tout depuis la creation du monde : en ſorte que bien loin qu'il ſoit vray de dire que les hommes uſurpent en cela quelque choſe au prejudice des femmes, ils ne font au contraire que maintenir un droit, dont la poſſeſſion eſt d'un temps auſſi ancien que la Nature meſme.

a Gen 3 16.

De dire donc que les hommes & les femmes comparez ainſi par leurs ſexes ſoient égaux, c'eſt offencer la nature, c'eſt donner le change, & tromper le monde par un ſophiſme. Car il y a bien de la difference entre dire generalement parlant, que les hommes & les femmes ſont égaux d'une égalité abſoluë qui eſt la veritable égalité, & dire qu'ils le ſont d'une égalité proportionnelle ſi vous voulez, ou d'une égalité de neceſſité. Le premier qui exclud toute ſuperiorité n'eſt pas vray, par les raiſons dont nous venons de le prouver : Le ſecond l'eſt.

Un enfant, par exemple, eſt ſemblable à un homme, parce qu'il eſt de meſme nature qu'un homme, de meſme forme que luy, & qu'il parle comme luy. Il luy eſt égal meſme de cette égalité proportionelle : car il a autant de parties & de membres qu'un homme, comme un petit cercle a autant de degrez qu'un grand : mais c'eſt un fophifme d'en conclurre qu'un homme & un enfant foient, égaux; puifqu'ils font au contraire inégaux d'une veritable inégalité, foit pour ce qui regarde le corps, foit pour ce qui regarde l'efprit. La chofe parle d'elle-mefme. Et pourquoy ? parce que la foibleffe premierement du corps, & puis de l'efprit à caufe du corps, rend l'enfant inferieur à l'homme, & incapable de faire ce que l'homme peut faire tant du corps que de l'efprit.

Comme donc il feroit abfurde de dire purement & fimplement qu'un enfant & un homme font égaux, parce qu'ils le font de cette égalité imparfaite; il feroit de mefme ridicule de pretendre, qu'à caufe de cette égalité un homme n'euft point naturellement de prerogative ny de fuperiorité fur un enfant, puifque cette fuperiorité eft toute vifible; j'entends dans les termes de la Nature.

Or comme cette prééminence ou fuperiorité d'un homme fur un

enfant vient à cause de la foiblesse de l'enfant ; il s'ensuit que cette foiblesse est le principe positif & physique ou naturel de l'inégalité des especes. Aussi est-ce sur cette regle naturelle que les femmes ont esté regardées par les loix de Dieu mesme [a] & de toutes les nations, au mesme degré que les enfans [b].

Il en est de mesme de l'égalité de necessité. Personne ne disconvient que l'homme & la femme estant créés pour perpetuer l'espe-ce, & cela ne se pouvant sans la femme non plus que sans l'homme, la femme ne soit d'égale necessité au monde qu'est l'homme : Mais d'en inferer aussi que la femme ne soit point subordonnée à l'hom-me, c'est mal inferer. Car dans cette espece mesme où elle entre en commun avec le mari, & où mesme sans contredit elle contri-buë dans la suite plus que luy, soit pour la conception & la forma-tion, soit par l'enfantement, la

a *Deut 20. 14.*

b *Puerum ætas excū-set, feminā sexus. Senec. de Ir. lib. 3.*

nourriture & l'éducation, le sentiment univerfel de tout le monde
donne neanmoins plus de droit fur
l'enfant au pere qu'à la mere, à
caufe de la prerogative du fexe[a].

C'eft pourquoy comme ce feroit une extravagance de conclure,
que parce qu'un Roy ne peut pas
eftre Roy fans fujets, & que par
confequent les fujets font auffi
neceffaires que le Roy mefme
pour former un Eftat, c'eft-à-dire
un compofé politique, il s'enfuit
que les fujets ne doivent point
eftre fubordonnez au Prince : Ce
feroit de mefme une abfurdité de
conclure que la femme fuft égale,
& nullement foûmife à l'homme,
parce qu'elle eft d'égale neceffité
à luy pour former ce compofé
naturel dont nous parlons icy.

Voilà de quelle maniere il faut
comparer les fexes & ce qu'il en
faut conclure, & non pas fe faire
des maximes des confequences que
l'on tire de faits particuliers. Car
tirer une conclufion generale de
propofitions

a Parentibus jus aquiri tur in libe-res, utrique inquam, pa rentum pa tri ac matri : fed fi con ten fant im peria præ fertur patris imperium, ob fexus præftantiā. *Grot. de Iur. bel. & pac. lib 2. cap.5. § 1.* Primæ par-tes funt pa tris, fecundæ matris. *Se-nec. lib. 3. contr.19.* Filius ex le-gitimis nu-ptiis fufce-ptus magis in patris eft, quàm in matris po-teftate *Aug. Epift. 191.*

propofitions particulieres, c'eſt un
raiſonnement faux. Et en effet
quand on recevroit l'exemple des
Amazones, ce ne ſeroit que pour
faire voir combien ces entrepriſes
repugnent à la nature & au ſexe
des femmes ; puiſqu'il falloit meſme que dans l'enfance ces Amazones ſe brûlaſſent une mammelle
pour ſe rendre capables du meſtier
qu'elles vouloient faire ; & qu'elles interrompiſſent avec cela de
temps en temps leurs exploits de
guerre pour ſe meſler parmy les
hommes du voiſinage, afin de ſe
faire comme des recruës. En ſorte
que l'on peut dire que ce n'eſt proprement qu'une eſpece de tragi-
comedie que le ſexe des femmes a
voulu une fois donner au monde:
Et que ſi elles ont quelquefois
vaincu les hommes, la victoire
neanmoins que les hommes ont à
la fin remportée ſur elles, juſqu'à
n'en laiſſer qu'un tres-leger & tres-
confus ſouvenir, a decidé de la
prééminence du ſexe.

Le reste est de pareille force. On peut de mesme faire voir des femmes qui ont excellé dans les plus sublimes connoissances : mais cela n'établit rien en faveur du sexe des femmes, & moins encore, comme nous avons fait voir, au prejudice de celuy des hommes.

Il en est de mesme de celles qui se sont renduës celebres dans le gouvernement des Estats. Car si on les comparoit à d'autres qui s'en sont mal acquitées en suivant la pente naturelle de leur sexe, je ne sçay de quel costé pencheroit la balance. Et s'il y a des Estats qui conservent la succession des couronnes aux filles, c'est une maxime fondée sur la politique, qui n'a lieu qu'au defaut des masles. Et en effet cette politique nous apprenant qu'il n'y a rien de si funeste à un Estat que l'élection, elle fait voir qu'il vaut bien mieux ouvrir la succession à ce sexe, que de se mettre au hazard d'une entiere ruine; puisque par ce moyen on évite toutes les mauvaises suites, si celle qui succede est mariée, ou si elle se marie aprés.

Il se peut pareillement faire que des peuples ayent beaucoup consideré les femmes. Mais il se peut faire aussi que la jalousie mutuelle des Grands pour le gouvernement, leur a fait prendre ce temperamment plustost que toute autre raison; estant avec cela des peuples [a] superstitieux & barbares, dont les Souverains avoient plustost autorité de conseiller que de commander [b]. Et de vray quand on ne veut que remplir un vuide; c'est-à-dire quand on ne veut qu'un Souverain pour estre le premier entre égaux (comme disent certains peuples) il importe peu que ce soit une femme ou un homme, ou, si vous voulez, une idole qui regne.

[a] Pleraſque earum fatidicas, & augeſcente ſuperſtit one arbitrabantur Deas. *Tacit. 4. hiſt.*
[b] *Id. ibid.*

Il est vray aussi que le Sauveur du monde s'est Incarné dans le sein d'une Vierge : mais en cela il n'a voulu que suivre les loix de la nature, quoy que par une voye

furnaturelle : Et il fuffit mefme
pour faire voir tout d'un coup
l'eftat qu'il a fait de l'homme, de
dire qu'il s'eft fait homme & non
pas femme. Que s'il eft mort pour
les deux fexes, s'il les a fans diftin-
ction enrichi de fes graces ; il en
faut conclure que comme la grace
fort des termes de la nature , de
mefme la vie de la grace que l'on
mene en ce monde , eft le commencement de la vie glorieufe dont
les hommes & les femmes joüi-
ront dans le ciel; où, comme dit
Noftre Seigneur [a] , *Les hommes*
n'époufferont plus de femmes, ny les
femmes de maris: Car alors ils ne
pourront plus mourir ; parce qu'ils
deviendront égaux aux Anges, &
enfans de Dieu, eftant enfans de
la refurrection.

　　On ne peut donc en rien conclure pour les chofes qui regardent
purement la nature, comme celle-
cy. Outre mefme que l'on pourroit dire que fi Noftre Seigneur a
efleyé les femmes à l'honneur du

[a] *Luc. 20.*
31. 36.

martyre, il ne les a point eſlevées à celuy de l'Apoſtolat, qui eſt un degré bien plus excellent, ny au miniſtere de ſon Egliſe : Juſque-là que ſaint Paul leur deffend de parler dans l'aſſemblée des fideles : *Que les femmes parmy vous* (dit l'Apoſtre) *ſe taiſent dans les Egliſes ; parce qu'il ne leur eſt pas permis d'y parler : mais elles doivent eſtre ſoûmiſes ſelon que la loy l'ordonne* [a]. *Que les femmes* (dit-il encore en un autre endroit [b]) *ſe tiennent en ſilence & dans une entiere ſoûmiſſion.* Ce qui ne peut pas mieux marquer leur ſubordination meſme dans l'eſtat de la grace.

Et partant toutes ces raiſons tirées de la nature & de la grace, de l'exemple & des mœurs particulieres de quelques peuples, bien loin de détruire la verité que nous ſoutenons, elles l'eſtabliſſent ; je veux dire l'inégalité des deux ſexes à cauſe de la prééminence de l'homme ſur la femme ; & par conſequent la ſubordination & la ſoû-

a 1 Cor. 14. 34.
b 1.Tim. 11. 11.

miſſion de la femme à l'égard de
l'homme.

Mais ſi elles n'eſtabliſſent rien
pour le general ou la totalité des
ſexes, elles prouvent en un ſens vi-
ſiblement l'égalité des perſonnes.
Et en effet, comme nous avons
dit, on peut conſiderer un ſexe en
deux façons, ou dans ſa totalité,
ou dans ſes parties. Dans ſa totalité, ſi on compare le ſexe maſcu-
lin au feminin, c'eſt une verité
toute viſible que les hommes excellent pardeſſus les femmes. Que
ſi aprés cela on veut le comparer
dans ſes parties, c'eſt une autre
verité que les femmes peuvent égales hommes. *Qui oſera ſoûtenir*
(dit Seneque [a]) *que la nature ait*
eſté maraſtre à l'égard des femmes,
& qu'elle les ait mal partagées
pour l'eſprit; ou leur ait eſté ava-
re des talents & des vertus qu'el-
le accorde aux hommes? Croyez-
moy, elles ont la meſme vivacité,
la meſme diſpoſition aux bonnes
choſes, ſi elles veulent s'en ſervir:

a *Ad Marc.*
ch. 1.

Et elles ne peuvent pas moins sup-
porter que les hommes le travail
& la peine, si elles y sont accoutu-
mées. Elles n'ont pas (dit-il ailleurs [a]) *de moindres qualitez que*
les hommes, mais elles éclatent
moins. Et c'est à cause de ces infirmitez & de cette foiblesse naturelle qui se met au devant, comme *des nuages dont mesme le Soleil*
n'est pas exempt [b].

a Senec. ep. 92.

b Ibid.

Aussi ne sçauroit-on trop loüer
les femmes vertueuses de ce qu'elles surmontent ces difficultez naturelles, ou qu'elles se dérobent,
pour dire ainsi, à la nature mesme, en évitant ses engagemens
pour se donner à la vertu. En ce
sens-là une femme est capable de
tout ce dont un homme est susceptible. Elle peut mesme non seulement l'égaler, mais le surpasser infiniment. Combien en effet y a-
t-il d'hommes qui degenerent de
cette force & de cette noblesse
dont la nature les avoit partagez?
Combien voyons-nous de famil-

les, qui, comme dit faint Augu-
ftin [a], ont la tefte en bas? entendant
par cette expreffion, que comme *le*
mari eft la tefte de la femme dans
fa famille, cette famille a la tefte
en bas, quand la femme a plus de
vertu que l'homme.

Mais pour revenir à noftre matiere, il ne s'enfuit pas, quelque
difparité qui fe rencontre quelquefois entre un homme & une femme, ou quelques avantages qu'une
femme ait pardeffus un mari, qu'elle ait la prerogative dont nous
parlons. Un droit dont l'ufage s'in-
terrompt quelquefois, ne fe perd
pas pour cela, & moins encore un
droit que la nature donne; la nature, dis-je, dont les loix font im-
muables; & d'autant plus qu'icy
elle eft, s'il faut dire ainfi, forti-
fiée de l'ordre exprés de Dieu qui
a commandé precifement la foûmif-
fion à la femme fans diftinguer fi
le mari le meritoit ou non. Quelque proportion ou difproportion
qu'il y ait donc entre un mari &

une femme, l'homme eſt toûjours le maiſtre, & la femme doit toûjours luy eſtre ſoûmiſe, parce que cette égalité perſonnelle n'exclud pas l'inégalité du ſexe ; laquelle eſtant naturelle, demande dans la femme non ſeulement une ſoûmiſſion de bien-ſeance, mais une ſoûmiſſion poſitive & reelle.

Il faut dire la meſme choſe à l'égard du lien qui unit l'homme & la femme dans le mariage. Car ce ſeroit mal raiſonner de dire, que par ce que le mari & la femme ſont dans une égale obligation, pour ce qui eſt du lien de leur mariage, n'eſtant pas permis au mari d'épouſer d'autre femme tant que la ſienne eſt vivante, quelque mécontentement qu'il en ait, ny à la femme d'avoir d'autre mari tant que le ſien eſt en vie ; ils ſoient égaux de condition dans leur mariage. L'ame & le corps (comme nous avons dit au commencement) ſont joints enſemble, & compoſent naturellement l'homme ; comme le

mari & la femme composent naturellement le mariage : Leur separa-
ration cause la dissolution & la
rupture de ce composé, comme la
mort de l'un des mariez cause la
dissolution du mariage : Cependant
ce seroit avoir perdu la raison de
dire, que parce que l'union est d'é-
gale necessité à l'ame aussi bien
qu'au corps pour former & maintenir l'homme, ils soient d'égale
condition l'un & l'autre; la nature, le sens commun & l'experience nous faisant voir combien l'a-
me est eslevée au dessus du corps,
& les grandes prerogatives, la noblesse & l'excellence dont elle surpasse le corps. Ce qui s'entend de
l'homme à l'égard de la femme;
laquelle la nature, le sens commun
& l'experience nous montrent, selon les principes generaux, estre de
beaucoup inferieure à l'homme;
Et partant obligée par cette regle
naturelle dont nous avons parlé,
que le moins digne cede effective-
ment & réellement au plus excel-

lent, de rendre à l'homme une foûmiſſion effective pour les choſes
qui regardent le mariage, ou la ſocieté qui les conjoint.

E L L E S diſent en ſecond lieu,
que l'Apoſtre pour confirmer l'é-
galité de l'homme & de la femme,
a donné à la femme la meſme puiſſance ſur le corps de ſon mari, qu'il
a donné au mari ſur le corps de la
femme. *Le corps de la femme, dit*
S. Paul [d], *n'eſt point en ſa puiſſan-*
ce, mais en celle du mari : De meſ-
me le corps du mari n'eſt point en
ſa puiſſance, mais en celle de la
femme. Et ainſi ils ſont égaux en
pouvoir l'un ſur l'autre.

Nous répondons que c'eſt auſſi
tres-mal entendre les paroles de
ſaint Paul, qui donnent un pouvoir
reciproque au mari & à la femme
ſur le corps l'un de l'autre, en l'entendant d'une égalité de pouvoir
en toutes choſes. Car cette dépendance reciproque ne regarde
que la couche nuptiale, & le devoir auquel les perſonnes mariées

II.
Si la fem-
me à cau-
ſe du pou-
voir égal
qu'elle a
ſur le corps
de ſon ma-
ri, luy eſt
égale pour
le reſte.
a Cor.1.cap.
7. 4.

Que cette
égalité de
pouvoir
n'eſt qu'à
l'égard de
la couche.

font obligées l'une envers l'autre sans empefchement legitime, afin de contenir la foibleffe de la natu- re dans les bornes de la continen- ce du mariage. Elles font à la ve- rité en cela toutes deux égales en puiffance, & en quelque façon dans une égale dépendance l'une de l'autre ; mais inégales par tout ailleurs. Et c'eft l'explication que luy donnent les Theologiens [a].

a Eftius in Epft. ad Cor. 1 cap. 7. 4.

Quand faint Paul dit, que la fem- me n'a point de puiffance fur fon corps, il entend qu'il n'eft point permis à l'une ny à l'autre des per- fonnes mariées de refufer l'ufage de la couche à celle qui le demande- ra ; pourveu toutefois, comme re- marque faint Thomas, qu'il n'y ait aucun empefchement legitime : en quoy l'un & l'autre des mariez font en quelque façon dans une fer- vitude reciproque ; quoy qu'ils foient d'ailleurs inégaux, en vertu de la loy qui a efté donnée à la femme, TU SERAS SOUS LA PUISSANCE DE TON MARI [b]. Auffi eft-ce fur ce

b Genef. 3.

principe que les Livres de la discipline de l'Eglise marquent, qu'*il y a grand peché de refuser le devoir du mariage sans excuse legitime, lors que l'autre partie le requiert instamment,* selon cette parole de l'Apostre : Que le mari rende ce qu'il doit à la femme & la femme au mari : *Il en rend la raison ;* parce que la femme n'a point de puissance sur son corps [a]. Ils' font donc égaux dans la pretention de ce devoir : Mais pour tout le reste qui regarde la famille, il n'y a aucune égalité entr'eux : Car ce qui est sous la puissance d'un autre est son inferieur, & non pas son égal.

ELLES disent en troisiéme lieu, que l'infidelité dans le mariage estant un crime reciproque qui en cause la separation, puisqu'il est autant permis à une femme de quitter son mari qui luy sera infidelle, qu'à un mari de quitter sa femme lors qu'elle luy aura manqué de foy, il est loüable à une femme de prevenir par ses méfian-

[a] *Rituel d'Alet.*

III.

Si parce que l'adultere est également criminel, à l'égard du mari & de la femme, il est permis à la femme d'estre jalouse.

ces, par fes foins, par fes reproches mefmes une defunion fi funefte.

Nous répondons qu'il eft vray qu'une femme voyant fon mari abandonné au defordre peut le quitter fi elle veut, fuivant ces paroles du mefme faint Paul : *Que la femme ne fe fepare point d'avec fon mari ; & fi elle s'en fepare qu'elle demeure fans fe marier, ou qu'elle fe reconcilie avec fon mari* [a] : Mais il n'eft pas vray qu'elle puiffe prevenir ce mal par des reproches & des paroles aigres. Car ces chofes qui regardent la correction appartiennent à une autorité fuperieure. Or les femmes eftant & devant eftre felon la loy de la nature & de Dieu fubjetes à leurs maris : il s'enfuit que comme il eft impoffible que ce qui eft fujet foit fuperieur, il ne fe peut faire auffi que ce qui eft fujet ait droit de correction, puifque la correction eft de l'effence de la fuperiorité. La femme peut donc bien dans la rencontre donner avec

douceur quelques avis à son mari
sur sa conduite, puisque ces avis
sont des offices de charité: Mais
de s'emporter contre luy, & de luy
faire des reproches & des repri-
mendes fieres & aigres, c'est sortir de son devoir & de la soûmission dans laquelle elle doit estre devant luy. On peut voir encore
cette subordination marquée par
les termes de la separation, quoy
qu'ils rendent le mari & la femme
de condition égale en cela. Car si
la femme manque de foy, il est
dit que le mari *la renvoye* ; & si
le mari commet infidelité, il n'est
pas dit de mesme qu'elle le renvoye,
mais seulement qu'elle *se retire* d'a-
vec luy [a] ; pour montrer la superiorité & l'autorité du mari, & la
soûmission & le silence que doit
garder la femme. Et en effet le mari estant son maistre, son superieur,
& son roy, s'ingerera-t-elle de luy
faire des leçons ? Ou, ce qui est
bien plus, osera-t-elle luy faire des
reproches & des persecutions ?

[a] Nisi causâ fornicationis non licet viro uxorē dimittere, vel uxori à viro discedere. Gratia. q 1.

L'ofera-t-elle, dis-je, fi elle eft chreftienne, puifqu'elle doit refpecter dans fon mari la perfonne de J. C. qu'il reprefente.[a] ?

[a] La femme doit refpecter dans fon mari la perfonne de noftre Seigneur J. C. qu'il reprefente, & le mari doit aymer fa femme d'un amour chafte tel qu'eft celuy dont J. C. ayme fon Eglife que la femme reprefente. *Rituel d'Alet.*

IV.

Si l'Ecriture fainte n'ayant point parlé contre la Ialoufie, elle eft un crime qui puiffe caufer le divorce.

LES femmes objectent en quatriéme lieu, que fi c'eftoit un grand crime de témoigner fon reffentiment à un mari, lorfque l'on foupçonne qu'il partage la couche, l'Ecriture fainte auroit fait des loix pour y pourvoir, & donner à connoiftre que la femme s'expoferoit par là à quelque crime qui violeroit le mariage & en cauferoit la feparation : Au lieu qu'elle s'eft contentée de marquer feulement le manque de foy, comme la feule caufe qui donnoit droit aux mariez de rompre la focieté conjugale.

Que la Ialoufie eft une caufe legitime de divorce.

A quoy nous répondons, que c'eft de mefme fe tromper de croire, que parce que Noftre Seigneur a dit que l'infidelité de la couche donneroit

donneroit lieu au divorce, il n'y ait point d'autres causes qui puissent contribuer à la separation de la societé conjugale. Car selon le sentiment des Sçavans, lorsque Nostre Seigneur a marqué precisément le manque de foy, ce grand maistre ne l'a fait, que parce que ce peché regarde uniquement le mariage dont la fidelité est l'ame & la vie, & qu'il est par consequent la cause la plus naturelle du divorce [a] : Mais il n'a pas entendu exclure toutes les autres raisons generales qui dispensent naturellement tout chrestien de quelque societé que ce soit ; comme seroient un grand nombre de vices & de pernicieuses habitudes ; entre lesquelles ils en mettent deux essentielles. La premiere qui seroit une infidelité spirituelle, par laquelle la femme se corrompant de quelque doctrine dangereuse, pourroit infecter son mari & empescher son salut. Et la seconde, en cas que l'ayant offencé elle demeurast

[a] Eò quod vitium hoc directè sit côtra fidem matrimonialem, & pugnet cum ipsa natura conjugii excidere faciens conjugem à jure conjugii. Lansen. Concord. Evang. cap 11. Dictú est autem.

M

incorrigible dans ſes mauvaiſes inclinations ; auquel cas , & aprés luy avoir fait correction par trois fois, ſi elle ne ſe corrige, non ſeulement ſon mari la peut , mais la doit meſme chaſſer ; ce qui eſt le point dont eſt queſtion [a].

[a] Si non ambulaverit (uxor) ad manum tuam, confundet te in conſpectu inimicorum : à carnibus tuis abſcinde illam. *Eccleſiaſti cap. 25.*

Duas adhuc cauſas eſſe ob quas uxor à marito dimitti poſſit & debeat præter cauſam fornicationis. 1. Cùm uxor impedimento eſt ad virtutem. 2. Si Eccleſiam (id correctionem) audire nequit, & quid peccat in conjugem conjux, & ſecundum præceptum Salvatoris poſt trinam admonitionem noluerit ſeſe corrigere, poterit, imò debebit ſecundum idem præceptum rejici, &c

Quamvis autem etiam ob has cauſas uxor dimitti poſſit, ſolam tamen fornicationis cauſam Dominus excepit, quod hæc ſit propria cauſa divortii in conjugio ; cùm reliquæ cauſæ ſint generales à quavis ſocietate chriſtianum liberantes. *Lanſen. Conc. Evang. cap. 11. ut ſuprà.*

En effet quelques vices qu'ait une femme , il n'y en a point de pareil ny de plus inſupportable, & qui produiſe de plus dangereux effets que la mauvaiſe humeur , l'enteſtement & l'indocilité ; parce qu'il n'y en a point comme ceux-là qui attaquent & renverſent l'union ſainte , la douceur & la paix du mariage, qui fait en ce monde le bonheur des perſonnes mariées.

Qui pourroit décrire le déplaiſir, le dégouſt, l'importunité & l'horreur que donne une femme parleuſe, criarde, imperieuſe, querelleuſe, outrageuſe, emportée, ruſée, opiniaſtre, chagrine & difficile, qui ſont autant de monſtres qu'enfante la Jalouſie, ou la préoccupation dont cette infernale paſſion aveugle l'eſprit? Mais il n'eſt pas beſoin d'exagerer ces deſordres : Ceux qui en ſouffrent avoüeront eux-meſmes qu'il n'y a point de paroles pour les exprimer; Et ceux qui par une grace particuliere de Dieu en ſont exempts; s'ils ont bon ſens pour les comprendre, encheriront encore pardeſſus l'idée que nous en pourrions donner. Il n'y a point de fortune ny de richeſſes au monde que l'on achetaſt à un prix ſi cher : & c'eſt avec raiſon que le Sage dit; *Qu'un morceau de pain ſec avec joie, vaut mieux qu'une maiſon pleine de victimes ou de* bonne chere avec des querelles [a]. C'eft avec grande raifon qu'il dit, qu'*il vaut mieux habiter dans une Terre deferte, qu'avec une femme querelleufe & colere* [b]. En effet que peut-on attendre de la contradiction continuelle & de l'opiniaftreté d'une femme, qu'une difcorde continuelle, puifqu'un enteftement de cette nature eft fans remede?

On compare, dit le mefme Sage, *une femme contrariante à un toict dont l'eau dégoufte fans ceffe pendant l'hiver: Celuy qui la veut retenir eft comme s'il vouloit arrefter le vent, & elle fera comme une huile qui s'écoule de fa main* [c]; pour nous faire voir qu'un malheureux mari ne fçait où fe mettre; & que s'il tafche par fa fageffe de fatisfaire cette femme d'un cofté, elle prend fujet de l'infulter de l'autre. Quelle mortification mon Dieu! & particulierement fi le mari eft d'un efprit moderé: La Sainte Ecriture nous en fait de mefme

la defcription en difant ; Que *la*
méchante langue d'une femme eft
à un homme paifible, ce qu'eft une
montagne fablonneufe aux pieds
d'un vieillard [a]. Auffi nous repre-
fente-t-elle la def-union que la malice d'une telle femme met dans
fon mariage, par la comparaifon de
deux bœufs qui fe battent enfemble
à un mefme joug ; Et elle ajoute
que le mal qu'on en fouffre eft tel,
que *celuy qui la tient avec luy eft*
comme un homme qui prend un fcor-
pion avec la main [b]. Mais qui pourroit démefler icy toutes les rufes,
toutes les fineffes, tous les pieges,
toutes les malices dont la Jaloufie
fe fert pour parvenir à fes fins, pour
fe fatisfaire & pour fe vanger ? Il
vaut mieux continuer de faire parler l'Ecriture, afin que l'on ne nous
accufe pas de mefler nos fentimens
dans ces invectives. Elle comprend
tout en nous difant, que *Comme la*
trifteffe du cœur eft une playe uni-
verfelle, de mefme la malignité de
la femme eft une malice confom-

[a] Ecclefiafti.
cap.25.27.

[b] Ecclefiafti.
cap.26.18.

mée [a]. C'est aussi une telle femme qu'elle souhaite pour malediction à des méchans & à des scelerats [b] : Et pour ne nous laisser pas douter que tous ces detestables effets naissent de la Jalousie, elle nous le dit en termes clairs, en disant ; que *cette douleur & cette affliction du cœur* qui surpasse toutes les autres afflictions, *est une femme jalouse* [c] ; & que ces cris, ces clameurs, ces querelles, se doivent entendre d'une femme forcenée de cette passion ; puisqu'elle ajoûte que *la langue de la femme jalouse est perçante, & qu'elle se plaint sans cesse à tous ceux qu'elle rencontre* [d]. Si cela est donc ainsi, comme il est sans doute puisque le Saint Esprit le dit, il faut conclure que la Jalousie est, comme nous avons dit, une cause legitime de divorce ; puisque ses mauvais effets ne sont pas moins incompatibles avec l'union du mariage, que ceux de l'infidelité mesme, qui est la cause incontestable de la desunió selon la loy de J. C.

a Eccl. si st. cap. 25. 17.

b Parva est malitia præ malitia mulieris : scelerosi sortiantur eam ! Ibid 26.

c Ecclesiasti. cap. 26. 8.

d Ibid 9.

LES femmes jalouſes diſent en dernier lieu, qu'il eſt déraiſonnable qu'une honneſte femme eſtant prevenuë de la conduite relaſchée de ſon mari, ſoit obligée de garder le ſilence & d'étouffer ſon reſſentiment. Eſt-ce donc qu'il aura ſeul l'avantage de cenſurer ſa femme ſur ſes ſoupçons, tout criminel qu'il ſera luy-meſme, & qu'elle ſera obligée de demeurer muette ſur les ſiens, elle qui eſt une femme honneſte & chaſte, & contre la conduite de laquelle ſon mari ne peut faire aucun reproche?

V.

Si une femme n'a pas droit d'eſtre jalouſe de ſõ mari, quand de ſon coſté elle eſt hõneſte & fidele.

CETTE objection fait voir l'irregularité de l'eſprit de certaines femmes qui tirent vanité de ce qu'elles ſont honneſtes femmes, croyant avoir droit par là de fatiguer leurs maris, comme pour ſe vanger & pour les punir du bonheur qu'ils ont eu d'épouſer une femme honneſte. Mais pour les deſabuſer nous avons déja fait voir aſſez clairement ce me ſemble, que l'homme eſtoit le maiſtre, & qu'en

Que l'hõneſteté d'une femme ne luy dõne aucun droit d'étre jalouſe.

cette qualité il avoit droit de faire correction, & non pas la femme. Et en effet il seroit obligé de rompre le silence pour relever sa femme, si elle donnoit lieu de la soupçonner de quelque mauvaise conduite, non seulement par un principe de charité, mais mesme pour son honneur & pour son salut particulier [a]; puisque l'honneur de la femme fait l'honneur du mari, & que le crime qu'il luy souffre retombe sur luy-mesme, & luy attire la mesme malediction qu'à la femme [b]. La raison est, parce que le mari est obligé, suivant les preceptes de l'Ecriture, par la dignité & le rang qu'il tient dans la societé conjugale, de maintenir sa femme & toute sa famille dans la discipline & le devoir. *Prenez garde, dit la Sainte Ecriture, de donner ouverture, quelque petite qu'elle soit, à l'eau; c'est-à-dire n'ouvrez point la porte du libertinage à une méchante femme* [c]: *Ne rendez point la femme maistresse de vostre esprit,* ajoûte-

[a] Sicut crudelis est, iniquus qui castam dimittit: sic fatuus est & injustus qui retinet meretricem; nam patronus turpitudinis est qui crimen celat uxoris. *Ex S. Chrys. Grat.* 32. *q* 1. *cap.* 1.

[b] Qui expellit mulierem bonam, expellit bonum: qui autem tenet adulteram, stultus est & impius. *Prov.* 18. 22. [b]*Ex S. Hier. Gratian* 32. *q.* 1. *cap.* 2. [c] *Ecclesiasti.* 5. 34.

ajoûte-t-elle, *de peur qu'elle ne prenne l'autorité qui vous appartient, & que vous ne tombiez dans la honte* [a]. C'eſt pourquoy un mari, dit un Sçavant homme, doit ſe ſouvenir qu'il n'eſt pas né pour ſa femme, mais qu'elle eſt née pour luy ; qu'il doit l'accoutumer aux choſes qui ſont de ſon devoir, & à ſe conduire d'une maniere, qu'elle ſçache qu'elle eſt une aide au mari dans ſes travaux pour y avoir telle part qu'il luy plaiſt, & non pas une maiſtreſſe qui doive vivre dãs l'oiſiveté [b] : C'eſt à quoy un mari doit veiller par le devoir de mari.

Comme il ſeroit donc obligé de faire reprimande à ſa femme, & que meſme il luy ſeroit permis parce qu'il en eſt le maiſtre, d'uſer de remedes plus forts, ſi le deſordre s'emparoit entierement de l'eſprit de ſa femme [c] : Elle au contraire parce qu'elle eſt ſujette, n'a aucun droit d'ouvrir la bouche pour luy faire reprimande. Ce n'eſt pas qu'un mari ne luy faſſe

a *Id. cap. 9. 2.*

b *Vives de Off. mar.*

c *Gratian 35. q. 5. cap. 5. 6. 10.*

N

a Omné injuriæ & violentiæ opinionem abeſſe debet ab ea quæ ſupplicis inſtar ſit, & tãquã à focodeducta. Eſt auté injuria quã facit maritus in conſuetudine cum extranea Ariſt. de cura rei ſam.
Remedes contre la jalouſie des femmes.

injure quand il viole la couche: mais quoyque ce ſoit une injure, la condition de la femme ne luy donne point droit de la traitter d'injure, eſtant entrée dans la maiſon de ſon mari en qualité de ſuppliante, comme dit Ariſtote[a]. Voilà ce que la Jalouſie objecte; & voilà les réponſes que l'Ecriture Sainte & les Loix Canoniques y font.

UNE femme raiſonnable pourra repliquer enſuite. Que faire donc pour corriger un mari libertin? Et nous luy répondrons ſur les meſmes fondemens, qu'il faut qu'elle faſſe la meſme choſe qu'elle feroit pour corriger un mari jaloux. Il faut diſtinguer icy de meſme que dans cette jalouſie, celle qui a de veritables fondemens, d'avec celle qui ne vient que de ſoupçons, & de rapports de gens qui ſouvent couvrent par ces avis de tres-dangereux deſſeins. Et en general ſe faire des regles de ce que nous ayons déja dit pour guerir la Jaloufie des maris , qui peut convenir aux femmes.

En particulier fi ce ne font que des opinions dont la fenfualité & l'oifiveté empoifonnent l'efprit, le plus feur moyen eft de les condamner foy-mefme, & de les fupprimer fans les donner à connoître ; fe fouvenant que s'il n'eft pas permis à la femme de fe faire raifon d'une veritable injuftice, il l'eft encore moins à l'égard de fes propres défiances, dont perfonne n'eft coupable qu'elle-mefme. Il faut qu'elle fe guerifse l'efprit de toutes fes fantaifies en l'appliquant à de bonnes chofes, à la conduite de fa maifon , & fur tout à l'ouvrage des mains. Car il eft tres-vray que la faineantife qui forme , comme *Que pour* nous avons dit, ces chagrins, ces *ofter tout* inquietudes & ces penfées vagues, *fujet d'en-* feroit capable de nourrir toute feu- *gagement* le la jaloufie , quand bien mefme *au mari,* l'efprit n'y auroit naturellement *il faut que* aucun penchant. *la femme*
ne foit

Que fi elle eft jaloufe avec fon- *point ja-*
loufe.

dement, & qu'elle en ſoit convain-
cuë par des preuves manifeſtes
(car, comme nous venons de dire,
il ne s'en faut pas croire ſoy-meſ-
me) alors il faut faire : Et quoy ?
la meſme choſe. Il faut ſe ſouvenir de ſa condition, c'eſt-à-dire
demeurer dans l'ordre où la nature & la raiſon ont mis les femmes.
Or comme elles leur ont interdit
le commandement & la cenſure,
il faut employer la douceur & les
careſſes pour inſinuer dans l'eſprit
de leurs maris avec des paroles
honneſtes, reſpectueuſes & pleines
d'amour & de charité, l'injure qu'ils
ſe font pluſtoſt à eux-meſmes qu'à
elles. Et ſi un conſeil ſi charitable
ne produit aucun effet, il faut demeurer dans l'humilité & dans le
ſilence : C'eſt-à-dire en un mot
que le ſeul & unique moyen de
corriger le mari eſt la vertu de la
femme.

Que la femme doit parler par ſes bōnés actiōs.

PUISQU'IL ne luy eſt pas permis de parler fortement de la langue, il faut qu'elle parle efficace-

ment par ses actions. Rien au monde n'est si fort que l'exemple, comme nous avons déja dit ; il penetre l'esprit & le cœur ; & il faut ou qu'un homme soit privé de l'un & de l'autre, ou qu'il se rende & se corrige, en voyant sa femme se contenir dans l'honnesteté, l'abaissement, la douceur, le silence, & l'obeïssance pendant qu'il s'abandonne.[a]

a Potissimú atque efficacissimum aliquid est vitæ exemplum, si id faciat quis quod jubet. Neque enim apertiùs aut fortiùs possunt vitupe rari & carpi mali, quàm bonorum vitâ. Vives de Off. mar.

C'est pourquoy il faut qu'elle prenne le contrepied de toutes les actions de son mari. Si la passion l'agite pour quelque personne ; il faut qu'elle se garde bien de tomber elle-mesme dans aucune espece de coqueterie ; ce seroit se creuser un precipice. S'il n'est jamais au logis ; il faut qu'elle en fasse sa retraite. S'il dépense, s'il prodigue ; il faut qu'elle ménage, & se prive mesme pour sa personne de ce qu'elle auroit sans cela de magnifique & de superflu. Si ce mari est d'humeur incommode & brusque, qu'elle ne luy parle jamais

Avoir toutes les vertus opposées aux vices de son mari.

dans sa passion, mais qu'elle prenne son temps, & imite cette sage
& judicieuse Abigaïl, qui estoit
bonne & douce envers ses dome-
stiques, si humble & si patiente à
l'égard de son mari, qu'elle ne le
contredisoit jamais, excusant &
prenant en bonne part ses defauts
& ses vices [a]. Il avoit arrogam-
ment refusé des vivres à David,
& donné par là sujet à ce Prince
de jurer sa perte & celle de toute
sa famille. David marche pour cela à main armée à dessein de mettre tout à feu & à sang. Et comme cette illustre Dame l'apprend,
elle partit sans en rien dire à son
mari avec quantité de presens &
de rafraichissemens, vient à la rencontre de David, se jette à ses
pieds, & en obtient grace pour son
mari & pour toute sa maison. Cela fait elle s'en retourne, & trouvant son mari yvre, elle eut la dis-
cretion d'attendre jusqu'au lende-
main à luy parler. Et alors voyant
son vin évaporé, elle luy fit con-

[a] (Uxores oportet esse) placidas ac mites erga domesticos, nec obstire pentes maritis, sed mores corū ac vitia tolerantes, qualis commendatur Abigail uxor Nabal Carmeli. Estius in epi. ad Tit. cap. 2. 5 Benignas.

noiſtre le grand danger dont elle
venoit de le garentir ᵃ.

MAIS ſur tout que celle que
nous inſtruiſons s'abſtienne de toute ruſe & de toute fineſſe, & qu'elle ne ſe mette point en ſoucy d'apprendre & de penetrer les ſecrets
de ſon mari: Qu'elle ne faſſe jamais rien non plus par dépit & de
ſon propre mouvement, c'eſt une
maxime des plus ſalutaires.

Qu'ELLE ſoit douce & ſincere
en ſes paroles, ſe ſouvenant que la
douceur des paroles charme davantage que les inſtrumens les plus
doux dans un concert de muſique,
comme parle l'Ecriture ᵇ Sainte.
Qu'elle parle peu, mais à propos,
& dans une ſoûmiſſion & un reſpect plein de tendreſſe, ſe perſua-
dant que quand elle parle à ſon
mari, elle parle à ſon maiſtre, à ſon
ſeigneur, à ſon roy; & ce qui paſſe
infiniment tout cela, qu'elle parle
à J. C. dont il ſoûtient à ſon égard
la perſonne & l'autorité.

Qu'ELLE ſe propoſe ſans ceſſe

ar. *Reg cap.* 25.

La ſinceri-té du cœur

La dou-ceur dans les paroles.

b *Eccleſiaſti. cap.* 40.

L'amour ſoumis.

le modelle de ces illuſtres femmes, dont l'Egliſe luy ordonna de ſe faire un exemple continuel lors de la celebration de ſon mariage. Qu'elle prenne, ſuivant les prieres que l'Egliſe en fit alors [a] pour elle, le joug de l'amour, qui eſt l'amour ſoûmis qu'elle doit avoir pour ſon mari, & le joug de la paix; pour marquer que la paix de ſa famille dépend de ſa ſoûmiſſion. Qu'elle ſe rende aimable à ſon mari comme Rachel qui eſtoit la douceur meſme; ſage comme Rebecca qui eſtoit extrémement judicieuſe; fidele & ſoûmiſe à ſon mari comme Sara, qui appelloit ordinairement le ſien ſon ſeigneur & ſon maiſtre: & qui l'aymoit juſqu'a un tel excez, que ſans écouter cette jalouſie ſi ſenſible aux femmes du monde, elle voulut luy donner ſa ſervante pour partager ſa couche, & ſe conſoler de ſa ſterilité dans les enfans qui naiſtroient de cette eſclave, ſelon l'uſage de la poligamie permiſe alors [b].

[a] In Miſſa pro Sponſo & Sponſa.

[b] Ipſa viciſſim ſtudebat ſterilis conjugii ſolatiũ ex ancilla quærere: nondum enim talia tunc vetita erant. Chryſoſt. de Sara.

Qu'elle se propose, dis-je, l'exemple de la femme forte de Salomon, laquelle gagnoit le cœur de son mari par sa vertu, sa sagesse, son activité, son bon esprit, son courage, sa douceur, son obeïssance, son soin & son bon ménage, & qui par consequent en estoit par tout l'honneur & la gloire. ^a

^a *Prov. ch.* 31.

Qu'elle sçache que l'amour entre personnes mariées est de peu de durée, quand il a seulement pour objet la beauté & l'agréement exterieur ; Que c'est un amour de theatre, s'il n'est soûtenu par la vertu & une sagesse bien établie ^b ; Que ce ne sont pas les ajustemens du corps qui parent & honorent les femmes mariées, mais ceux de l'esprit ^c ; c'est-à-dire cette parure qui vient de la vertu, la douceur, la modestie, & l'obeïssance envers leurs maris ^d.

^b Compta & ornata ista conjugum vita nihil differt à Tragædorū in Scena versantium ornatu. *Ar. de cura rei fam*
^c *Id. ibid.*
^d *S. August. de bon. conjugii.*
La complaisance.

ET qu'enfin si elle veut remplir les devoirs d'une honneste femme, & maintenir la paix dans sa famille, elle doit estre comme immobile d'elle-mefme ; & ne doit fe mouvoir que par l'efprit de fon mari ; enforte qu'elle n'ait elle-mefme aucune paffion, mais que les inclinations, c'eft-à-dire la joie & la triftefse de fon mari, foient les fiennes [a] propres ; parce que c'eft cette conformité d'inclinations qui produit & nourrit l'amour [b] & la paix, comme c'eft la contrarieté qui les détruit [c].

Nous en voyons l'exemple dans un Auteur du dernier fiecle [d], qui fait agreablement la peinture & l'abbregé de ce que nous avons dit, en la perfonne d'une femme inquiete & contredifante, c'eft-à-dire jaloufe. Elle va déplorer fon malheur à une de fes meilleures amies qui eftoit femme d'efprit ; elle luy raconte le mauvais ménage qui eftoit entr'elle & fon mari ; la guerre continuelle qu'ils fe faifoient, ne manquant pas de dire ce que toutes difent pour excufer leur paffion : *Puifqu'il ne fe foucie pas de moy, je ne me foucieray pas*

[a] *Pluth. conjug præc.*

[b] *In amicitia permanent, fi confuetudine vitæ adhibita mores dilexerint, cùm fint inter fe moribus fimiles. Arift. Nicom lib. 8. cap. 5.*

[c] *Morum diffimilitudo minimè eft amoris efficiens. Arift. de cura rei fam.*

[d] *Colloq. Erafmi. Vxor Mempfigamos.*

de luy non plus. L'honneſte femme cependant taſche de luy donner de meilleurs ſentimens ; Elle
luy repreſente que dans une con-
teſtation il faut toûjours neceſſai-
rement que l'un ou l'autre cede,
& que l'ordre veut que ce ſoit la
femme dans le mariage : Qu'un
mari quel qu'il ſoit demeure toûjours mari, & que l'on ne peut le
quitter qu'à la mort : Qu'il n'y
en a point qui n'ait ſes vices ; &
que s'il faut eſtudier ces vices, mais
non pas les haïr dans toutes ſortes
d'amitiez , il le faut encore bien
moins dans le mariage : Qu'il vaut
mieux ſouffrir ſon mari eſtant rendu en quelque façon plus raiſonnable par la douceur de la femme,
que plus inſupportable par ſa mauvaiſe humeur : Que l'amitié des
mariages s'entretient par l'honneur
d'une femme jointe à la douceur,
celle qui n'eſt fondée que ſur la
beauté eſtant paſſagere : Que cette
douceur conſiſte à avoir un ſoin
extrême de plaire à ſon mari en

tout, & de ne jamais luy déplaire
en rien; connoiſtre ſes inclinations,
ſes ſentimens, aymer les perſonnes
qu'il ayme, & obſerver enfin les
temps & les choſes qui luy ſont
agreables.

En premier lieu, diſoit-elle ſe
propoſant pour exemple, je n'ou-
blie rien de ce qui regarde la conduite interieure de la maiſon, qui
eſt l'appanage des femmes mariées:
Je prens extrémement garde que
toutes choſes ſoient au gouſt de
mon mari juſqu'aux moindres, &
me conforme entierement à ſes humeurs; le voy-je triſte, je ne luy
parle pas, & je prens moy-meſme
un viſage triſte; le voy-je émû, je
taſche de le ramener avec des paroles douces; s'emporte-t-il, je me
tais; a-t-il bû, je ne luy dis que
choſes plaiſantes pour le mener au
lit; ſe paſſe-t-il quelque choſe
d'important, (car pour les petites
choſes je les diſſimule) je l'avertis
lors qu'il eſt de ſens froid, de bonne humeur, quand il n'a pas bû, &

a Ce ſont des Allemandes qui parlent dans ce Dia-logue.

en particulier ; & j'accompagne ces
avis de careſſes, de paroles enjoüées,
mais pourtant reſpectueuſes , &
ayant dit en deux mots , je couppe
le diſcours & paſſe à des choſes
agreables.

Au reſte, continuë cette femme
ſpirituelle , ſi la choſe dont il eſt
queſtion eſt d'une importance extrême , j'ay oüi dire qu'il falloit
plutoſt luy en faire parler par d'autres, que de luy en parler ſoy-meſ-
me, & plutoſt par les parens du
mari, que par les ſiens propres. Je
connois, ajoûte-t-elle, une Dame
qui apprenant l'engagement de ſon
mari avec la fille d'une pauvre
femme , fit apporter elle-meſme
ſous un nom emprunté des com-
moditez & des meubles, & donna
meſme de l'argent pour faire la
dépenſe ; ſon mari ſupris de la nou-
veauté , ſe doutant que cela pouvoit venir de ſa femme , & elle-
meſme le luy avoüant, cette tendreſſe luy toucha ſi ſenſiblement le
cœur, qu'il rompit ces miſerables

liens pour se donner entierement à un naturel si honneste.

Une autre de mesme un peu aagée, voyant qu'une jeune femme attiroit toûjours son mari chez elle, l'introduisit en son propre logis, en la comblant de caresses pour y retenir son mari; & si quelquefois il souppoit en ville avec cette jeune personne, elle luy envoyoit les meilleurs mets, & luy recommandoit de se réjoüir. Ce qui fit le mesme effet sur ce mari que sur l'autre.

Vne vertu sincere, & par tout uniforme. AINSI, pour redire en deux mots tout ce que nous avons dit, une femme ne doit jamais se plaindre de ce qu'on ne l'ayme pas, mais elle doit se regarder elle-mesme, & se rendre aymable afin qu'on l'ayme. Et comme ce n'est ny la force, ny la beauté, ny cette grace estudiée que la pluspart des femmes affectent, qui fassent naistre le veritable amour, il s'ensuit qu'il n'y a que la vertu seule qui rende aymable.

C'eſt donc par cette vertu accompagnée de douceur & de condeſcendance qu'une femme ramenera tres-aſſurément ſon mari toſt ou tard. J'entens ſi cette vertu n'eſt pas une vertu feinte & diſſimulée, dont elle vouluſt ſe ſervir pour un temps comme d'une ruſe ; mais une vertu ſincere & veritable dont ſon cœur ſoit penetré, & dont toutes ſes actions par une uniformité ſans relaſche, rendent un témoignage certain & ſolennel.

ET en effet n'eſt-il pas vray qu'une femme jalouſe pratiquant la vertu, & ſoûmettant ſa paſſion à la raiſon, & aux preceptes que la nature, la juſtice, & Dieu meſme luy ont preſcrits, en luy preſcrivant, comme nous avons veu, d'avoir de la ſoûmiſſion, du reſpect, & de l'obeïſſance pour ſon mari, viendra à bout avec bien moins de peine du deſſein qu'elle a de le reconquerir, qu'avec ces mauvaiſes humeurs, ces conteſtations, ces querelles, ces opiniaſtretez, ces

Effets certains de ces côſtils.

chagrins; avec ces defefpoirs, ces rages, ces emportemens & ces dépits ? Auffi c'eft ce qui détourne la malediction de Dieu de deffus les familles, & par confequent ce qui y ramene la paix. C'eft ce qui comble les femmes de gloire dans le monde [a]. C'eft par où elles meritent veritablement la qualité d'honneftes femmes [b]. Et c'eft enfin de cette maniere toute fage, & toute humble, qu'il faut eftre jaloufe pour fe faire honneur; & non pas fuivre le fentiment de la nature corrompuë, qui eft celuy des gens du monde.

[a] Prov. 11. 16.

[b] Inhonefta mulier contenét ignominiam, honefta verò virum reverebitur. Ecclefiafti. cap. 25.

CHAPITRE VII.

Que c'eft l'amour raifonnable qui produit la paix dans le mariage.

Que la Jaloufie fait haïr, au lieu de faire aymer.

SELON les principes que nous avons établis, il eft aifé de juger que l'amour qu'enfante la Jaloufie

loufie fenfuelle, n'eft pas celuy qui
produit l'amour reciproque, & par
confequent la paix des mariages;
puifqu'au lieu de faire les chofes
qui portent à aymer, il fait au
contraire tout ce que l'on feroit
pour fe faire haïr. Nous avons
mefme fuffifamment montré, ce
me femble, que tant s'en faut que
ces doutes, ces intrigues fecretes,
ces reproches, ces emportemens,
qu'infpire la Jaloufie, fuffent capables de prevenir, ou de guerir le
mal que l'on craint, qu'ils ne font
au contraire que l'irriter, & y ajoû-
ter le fcandale.

AINSI il faut établir pour maxime conftante que la Jaloufie retombe fur les jaloux, & qu'elle ne
fert qu'à leur ronger l'ame, qu'à
les inquieter jour & nuit par des
craintes & des foupçons, qui ne
font la plufpart du temps que vi-
fions & que chimeres, & enfin
qu'à leur faire fouffrir des tour-
mens qui n'ont point leurs pareils
au monde a. Elle ne fert, dis-je,

*Qu'elle re-
tombe fur
les jaloux
mefmes.*

a Zelotypia
ad quid va-
leat non vi-
deo equidé;
Nifi ut dif-
crucieris a-
nimo, & te
iis tormen-
tis addicas
& mãcipes,
quibus nulla
pofsũt in vi-
ta hac com-
parari. *Vi-
ves de Off.
mar.*

O

qu'à les travailler eux-mesmes, &
fatiguer inutilement tous ceux qui
ont commerce avec eux ; comme
il arrive souvent à ces dogues d'attache qui gardent la maison, & qui
resvant quand ils dorment, hur-
lent & abboyent, s'inquietent &
se tourmentent eux-mesmes, donnent l'alarme & remplissent tout
le domestique de trouble & de
frayeur [a]. Elle ne sert enfin qu'à
les décrier eux-mesmes, en décou-
vrant les motifs sordides dont leur
ame est agitée. Car comme chacun méprise, dit nostre Philosophe [b], un homme jaloux de ses ri-
chesses, parce que cela vient d'ava-
rice ; de mesme mes-estime-t-on un
homme jaloux de sa femme, parce
que cela vient de sensualité. Et en
effet, continuë-t-il, c'est un témoignage qu'il n'ayme pas sa femme de la bonne sorte, & qu'il a
mauvaise opinion ou d'elle ou de
luy-mesme. Car s'il avoit un veritable amour pour elle, il n'auroit
aucune inclination à s'en défier.

[a] Id. ibid.

[b] M. des C.
Traité des
Passions.

Mais ce n'eſt proprement pas elle qu'il ayme, c'eſt ſeulement ſa poſ-ſeſſion; & il craint de la perdre, parce qu'il ſçait ou qu'il en eſt in-digne, ou que ſa femme eſt infi-dele.

AVEC cela la Jalouſie eſt un moyen qui peut d'autant moins produire l'effet que l'on s'en pro-met, que c'eſt un mal contagieux qui ſe communique, & qui donne cette meſme Jalouſie à celle des parties qui n'en avoit point enco-re a : enſorte qu'au lieu d'un eſprit gaſté il y en a deux ; & qu'au lieu d'un peu d'eſperance qu'il y avoit de la paix, c'eſt une guerre inteſti-ne & irreconciliable, dont le plus doux effet eſt le divorce.

Qu'elle ſe communi-que.

a Non zeles mulierem Sinus tui ne oſtendat ſu-per te mali-tiam doctri-næ quam. *Eccleſiaſti.9.*

Nous n'avons pour nous con-vaincre tout d'un coup de cette ve-rité, qu'à jetter les yeux ſur ce nombre infini de ſeparations de mariages, que le Magiſtrat eſt obli-gé de faire tous les ans pour aller au devant de pluſieurs deſaſtres que l'on ne peut imaginer ſans

Et produit à la fin le divorce.

horreur. Si on veut examiner ces
ſeparations dans le fond, & non
en ce qu'elles paroiſſent, on trou-
vera ſous ces pretextes qui ſont
toûjours ſpecieux & plauſibles,
que la verité eſt que la Jalouſie in-
troduiſant & nourriſſant dans le
mariage la mauvaiſe humeur des
deux coſtez, la bizarrerie, les ſoupçons, les curioſitez, les reproches,
les emportemens continuels &
ſans fin, ces jaloux ſe rendent tellement inſupportables l'un à l'autre, qu'il faut que la loy ſe mette
entre deux, comme une barriere au
devant de quelques beſtes feroces.

D'où vient la double Jalouſie. LA raiſon de cette double Jalouſie eſt facile à trouver, en ce
que celle des parties qui n'eſt point
jalouſe, voyant que l'autre l'eſt;
parce qu'elle la juge coupable, &
ſçachant qu'un eſprit qui ſe croit
armé d'une juſte vengeance pouſſe
les choſes bien loin, elle ſe remplit
elle-meſme de défiance & de ſoupçon, qui s'aigriſſant par le temps,
éclattent à la fin, & allument,

comme nous avons dit, par l'op-
pofition de l'autre Jaloufie, le feu
de la fedition domeftique.

CE n'eft donc pas cet amour *Veritable*
fenfuel qui maintient la paix dans *amour d'ũ*
le mariage; c'eft l'amour raifonna- *mari.*
ble, c'eft cet amour que nous a-
vons reprefenté plein de douceur,
qui remplit de tendreffe l'efprit
d'un mari; qui le porte à regner
fur le cœur de fa femme par des
bienfaits, & non pas à la rigueur
du droit qu'il en a; qui excufe les
petites fautes, & couvre les grandes de fa charité & de fa compaf-
fion; quand elles font fans remede; qui entre dans tous les maux
qui luy arrivent plus avant qu'elle-mefme; qui eft preft de mourir
pour elle, comme J. C. qui eft fon
exemple eft mort pour fon épou-
fe. C'eft cet amour qui fe jette au
travers des perils; & dont les mouvemens font fi univerfels, parce
qu'ils font fondez fur la juftice naturelle, que les moins éclairez en
font animez.

UN Arabe mefme peut donner ici des leçons de cet amour & de cette tendreffe : c'eftoit un General qui s'appelloit Raha & commandoit en Afrique. Un jour un parti d'un peuple voifin ayant furpris fon quartier en fon abfence y fit un grand butin, & prit mefme fa femme prifonniere. Comme ce party s'en retourne, ce General revient avec environ feptante chevaux, & rencontre le parti chargé de pillage & de prifonniers, fans fçavoir encore rien de la deftinée de fa femme. Il les charge en queuë & tafche de les rompre : mais voyant fes efforts vains, & qu'il eftoit trop foible il fe difpofe à la retraite. Comme il fait volte face, il entend une voix confufe du milieu de la troupe qui crie Raha ; il s'arrefte, reconnoift la voix de fa femme, revient feul fur fes pas, & luy parle mefme par la permiffion de l'Officier du parti, comme pour luy dire le dernier adieu. Elle d'abord luy faifant reproche de fa

laſcheté qui ſouffroit qu'on l'en-
levaſt ainſi ; ces paroles & ce ſpe-
ctacle irriterent tellement ſon a-
mour & ſa jalouſie, qu'il courut à
ſes gens & commence à leur dire :
Si jamais vous avez eſté ſenſibles à
l'amour, prenez compaſſion de ma
chere femme & de moy ; ſecourez-
nous je vous en conjure par tout ce
que nous avons de plus ſacré, par
la gloire de noſtre Nation, par ma
propre vie, qui ne peut pas eſtre de
longue durée ſi on me ravit ma
femme. Allons, chers amis, la for-
tune aſſiſte les braves & les amans.
Ils vont en effet, donnent teſte
baiſſée dans le gros de ces troupes ;
Raha en tuë de ſa main le Com-
mandant, met le reſte en déroute,
délivre ſa femme & la rameine
glorieux avec tout le butin [a]. Et
ce ſont là les effets d'une genereu-
ſe & legitime Jalouſie animée par
les ſeuls mouvemens de la nature.
On peut preſumer facilement de
là, que la paix regnoit profonde-
ment dans un tel mariage.

[a] *I. Lipſ.*
Mon. & Ex-
pol. lib. 2.
cap 17.

MAIS pour porter fa Jaloufie à un degré de perfection, &
la conduire felon les lumieres du
chriftianifme, il ne faut qu'imiter l'excellent modelle que nous
avons du mariage en la perfonne
de la fainte Vierge & de faint Jo-
feph. La douceur & la moderation
de ce faint Mari font admirables.
Il ne fcandaliza pas la Vierge, quoy
qu'il vift qu'elle fuft enceinte, &
qu'il ne fuft pas encore inftruit que
c'eftoit un effet du S. Efprit. Il ne
la perfecuta point par des plaintes,
par des mauvaifes humeurs, des
foupçons, des emportemens, &
des violences : mais il fe refolut de
la quitter doucement & fans bruit;

parce dit l'Ecriture Sainte, qu'il
eftoit homme jufte & craignant
Dieu. C'eft à dire parce qu'il ai-
moit la Vierge d'un amour raifonnable, pour elle-mefme & non pour
luy felon les regles faintes de l'amitié, & non pas felon l'inftinct dere-
glé de la paffion qui obfede & agite
l'efprit des fenfuels. Auffi feroit-il
inutile

inutile d'exaggerer la paix qui regnoit dans ce saint mariage ; puisque chacun peut aisément inferer
de cet amour tout pacifique, qu'il
n'y pouvoit avoir entre ces divins
Amans qu'un calme & qu'une douceur admirable.

Il est aussi presque inutile de faire *Par quels*
voir aux femmes jalouses ce qui *moyés une*
peut nourrir la paix dans le maria- *femme*
ge ; puisque nous avons établi par *peut entre-*
des preuves invincibles ; ce me *tenir la*
semble, qu'elle dépendoit unique- *paix dans*
ment des choses qui estoient op- *son ma-*
posées aux déreglemens de cette *riage.*
Jalousie sensuelle ; c'est-à-dire de
la douceur & de la soûmission de
l'esprit. Et qu'elles n'aillent pas
dire que l'on a pris plaisir de faire
leur condition plus mauvaise que
celle des hommes. On n'a fait que
suivre la nature, dont les loix donnent la loy à tout le reste. Et comme un homme seroit ridicule qui
ne voudroit ny boire ny manger,
parce qu'il ne seroit pas né prince,
de mesme une femme seroit d'un

P

esprit bien desesperé qui ne voudroit pas faire ce qu'elle doit, parce que la loy de la nature l'assujettit à son mari.

Mauvaise éducation cause de la divisiõ des mariages.

CE n'est donc pas dequoy les femmes doivent se plaindre. Qu'elles se plaignent plutost de deux choses qui sont les veritables causes du mal qu'elles souffrent elles-mesmes, & qu'elles donnent aux autres. Qu'elles se plaignent de ce que la pluspart des parens donnent à leurs enfans une mauvaise éducation, & les élevent dans l'amour de soy-mesme qui est la source de la sensualité.

Comme aussi l'abus à faire les maria-es.

QU'ELLES se plaignent du peu de soin qu'ils apportent en leurs mariages, où ils n'écoutent que leur vanité & l'interest temporel. Et en effet l'abus du monde permettant qu'il y ait des gens qui fassent un trafic public de marier les autres, on souffre avec une indignité criminelle que ces sortes de gens vendent publiquement les enfans de famille. Oüi ce sont gens

qui tiennent des livres de marchands à double partie de toutes
les perſonnes qui ſont à marier de
l'un & de de l'autre ſexe, & particulierement d'un nombre de pro-
vinciaux qui viennent ici pour faire cette ſorte de fortune, & avec
leſquels ils trouvent d'autant plus
leur compte, que le provincial qui
n'a le plus ſouvent rien à perdre,
partage avec eux la proye. Ces
marchands, dis-je, s'inſinuent s'ils
peuvent adroitement dans les mai-
ſons où il y a quelque negoce à
faire pour eux : Sinon ils en corrompent les domeſtiques , ou apo-
ſtent des gens de neant qui rompent la glace, & qui trouvant des
meres toutes d'oreilles à des noms,
par exemple , de Comtes & de
Marquis, qui ne ſont au bout du
compte que chimeres; les portent
à abandonner laſchement la deſti-
née de leurs enfans à la mercy de
gens inconnus, qui ne connoiſſent
eux-meſmes de ceux qu'ils propo-
ſent, que quelque piſtole qu'ils en

ont tiré ou qu'ils en esperent.

Ce n'est pas qu'il faille laisser faire ce choix aux jeunes personnes à qui la pudeur le deffend [a], ny qu'il soit deffendu d'écouter & de prendre conseil pour une action si importante, & de laquelle dépendent tous les momens de la vie des personnes qui se marient : Mais on veut dire qu'il ne faut pas que ces veuës purement temporelles éblouïssent tellement l'esprit des peres & des meres, qu'ils sacrifient leurs enfans sans connoissance de cause, comme s'ils les cousoient dans le sac des [b] parricides avec un chien, un singe, un coq, & un serpent, pour y finir leurs jours. Il faut voir avec les yeux des parens & des intimes amis qui ont de l'esprit, qu'elle fille on donne à un jeune homme, & quel mari on donne à une fille : Et il ne faut pas mesme les choisir seulement des yeux ; mais s'informer de la reputation, de l'humeur, des inclinations & de la trampe de l'esprit [b].

a Non est virginalis pudoris eligere maritū Ex Ambros. Gratian. caus. 32. q. 2.

b Genre de supplice.
c Antequam illi nuberes, tempus erat expendédi, quid vir haberet malorum. Oportebat non oculis solùm; verum etiam auribus maritū deligere. Erasm. coll. uxor Mempsigamos.

Pour revenir, il faut donc abfolument, ſi une femme veut ſe
rendre aymable à ſon mari, & par
conſequent vivre en paix & gou-
ter la douceur du mariage, qu'elle
ſoit ſoûmiſe, bonne & modeſte.
Qu'elle ait toutes les belles qualitez qu'il luy plaira, ſi elle n'a la
ſoûmiſſion & la douceur, elle ne
s'aquerra que du mépris : Qu'elle
ſoit d'une beauté achevée, ſi elle n'a
l'eſprit bien tourné & ſoûmis, ce
ſera, ſelon les paroles de l'Ecriture, comme *un anneau d'or au mu-*
ſeau d'une truye [a]. Au lieu que
n'ayant aucuns talens extraordinaires, ſi elle a de la douceur, de la
modeſtie & de la ſoûmiſſion, il
n'y a point de cœur qu'elle ne ſe
ſoûmette pour ainſi dire ; j'entens
que quelque difficile que ſoit le
cœur de ſon mari, elle luy donne-
ra de l'amour.

Que la douceur en une femme ſurpaſſe toutes les autres qualitez.

[a] Prov. 11.22

En effet ayant de la ſoûmiſſion,
elle conſiderera ſon mari comme la
regle de la famille, à laquelle elle
doit ſe rapporter par une raiſon

Que la femme doit ſe rapporter au mari.

naturelle ; puisqu'il est contre nature qu'une chose qui regle se proportionne aux choses dont elle est la regle. Et ainsi prenant, comme nous avons dit, pour regle de sa conduite les mœurs & les volontez de son mari, elle vivra au milieu de la paix, de la joie, & de l'amour ; rien ne pourra troubler ce repos, & il n'y aura ny disgraces temporelles, ny perils que cet amour raisonnable ne surmonte, & toutes les traverses de la fortune ne serviront qu'à le signaler.

Exemples de l'amour de plusieurs femmes. Nous en avons des exemples dans plusieurs femmes de l'antiquité, qui sans avoir d'autre doctrine que celle de la nature, ont passé mesme selon nous par leur amour, leur fidelité, & cette genereuse jalousie, les justes bornes du devoir du mariage.

Nous en voyons qui preferent de suivre leurs maris en exil, & de passer leur vie dans la pauvreté, au plaisir de vivre dans la magnificence des Cours où on veut les retenir [a].

a *Camp. sulg.*

Nous en voyons qui s'enferment dans des cavernes & des sepulcres, y accouchent & y vivent plusieurs années avec un silence & un secret inconcevable, pour tenir compagnie à leurs maris qui se déroboient à la persecution a.

Nous en voyons qui changent leurs habits avec leurs maris prisonniers, les font sauver, & demeurent elles-mesmes exposées à la rage de leurs persecuteurs b.

Nous voyons enfin parmy les Romains ces Heroïnes qui ont esté le modele des honnestes femmes de leur siecle, soutenir au dehors par toutes leurs actions la gloire & la majesté de leurs augustes parens qui avoient soûmis des royaumes & des nations, & avoir en mesme temps à l'égard de leurs maris autant de douceur & de soûmission, que si elles eussent esté leurs servantes & leurs esclaves c.

Et pour nous approcher encore plus prés de nostre matiere, y a-t-il soûmission & patience plus ad

a I. Lips.
Mon & ex.
pol. lib. 2.
c. 17.

b Id ibid.

c Vives de
Off. mar.

P iiij

mirable que celle d'Octavie la sœur d'Auguste pendant les amours d'Antoine son mari avec Cleopatre [a] ? Y eut-il jamais de victoire plus glorieuse de l'amour raisonnable sur la Jalousie sensuelle, que celle que nous en voyons remporter par une femme Tartare. Cette femme prenant compassion d'un homme qu'elle voit passer parmy des prisonniers que les Tartares avoient faits dans une incursion en Thrace, l'acheta & quelque temps aprés l'épousa. Elle voulut mesme pour l'amour de luy se faire chrestienne, & passer pour cela en un païs chrestien : mais estant devenuë grosse, en attendant une occasion favorable il falut attendre qu'elle fust accouchée; & ils attendirent mesme si longtemps qu'elle devint grosse une seconde fois.

En ce temps-là les Tartares firent une seconde irruption en Thrace, & comme ils emmenoient leurs prisonniers à la maniere accoustu-

a Fulg. lib. 6. cap. 7.

mée, le mari de cette Tartare les voyant passer découvre dans la troupe sa premiere femme, & en a le cœur si attendri que la Tartare l'apperceut & luy en demanda le sujet. L'ayant appris elle sort sans rien dire & va acheter cette femme, & la garde avec elle dans la maison pour la soulager dans son ménage. Ils vivent en paix tous ensemble, & quelque temps aprés que la Tartare fut accouchée, ils partent pour aller en terre chrêtienne, & arrivent à Constantinople. Cette femme chrestiénne se voyant en un païs de protection, va porter ses plaintes au Patriarche, & redemande son mari. On connoist de l'affaire à fond, & le cas paroissant singulier personne n'en ose prononcer le jugement. Ellemesme se condamne, en disant : *Si mon mari ayme plus sa premiere femme que moy, qu'il la prenne ; je luy donne mesme sa rançon. Pour cette femme, ne me trouvant pas en pouvoir de luy faire la mesme libe-*

ralité, qu'elle me rembourse la sien-
ne, & qu'elle s'en aille avec son
mari ; je demeureray avec mes deux
enfans attendant qu'il plaise à
Dieu de me tendre les bras. Chacun admira la sagesse de cette
femme. Aussi Dieu se declara pour
elle : Car la femme Thracienne
estant allée en son païs pour avoir
dequoy se racheter, elle perit & on
n'en entendit jamais parler : ce qui
laissa la genereuse Tartare en possession paisible de son mari, & dans
une paix parfaite avec luy le reste
de ses jours[a].

a I. Lips. Mon
et ex pol. lib.
2. cap. 17.

Voilà les effets de l'amour raisonnable. Voilà les effets de la Jalousie honneste & legitime, qui inspire & qui porte ces Amantes gene-
reuses à se dépoüiller de leurs droits
les plus chers pour complaire à
leurs maris ; à faire les derniers efforts pour les arracher aux ennemis, aux exils, aux prisons, aux
supplices, à la mort, en mourant
elles-mesmes pour eux. C'est de
cette façon que la Jalousie est un

excez d'amour ; & particulierement ſi cette jalouſie ſe tient dans
les bornes que nous preſcrit la religion que nous profeſſons, & que
ces anciens n'avoient pas.

Oüi : c'eſt cette ſage Jalouſie, *Eloge de*
qui eſt l'effet d'un amour ſage, *l'honneſte*
comme celuy-ci eſt l'effet de la *femme.*
douceur, de la docilité, de la modeſtie, de la ſoûmiſſion & de la vertu de la femme, qui fait ces pro-
diges & produit cette paix ineſti-
mable des mariages. Et c'eſt ce
qu'entend le Sage quand il dit que
celuy qui a rencontré une bonne
femme a trouvé un grand bien ; &
qu'il a reçu en cela du Seigneur
une ſource de joie. Auſſi la ſainte a *Prov. 18. 42*
Ecriture commande de *ne point s'é-*
loigner de la femme ſenſée que l'on
aura receuë dans la crainte du Sei-
gneur : car la grace de ſa modeſtie
eſt plus pretieuſe que l'or b. Auſſi b *Eccleſiaſti.*
s'écrie-t-elle : *Qu'heureux eſt celuy* 7. 21.
qui demeure avec une femme de
bons ſens c. *Qu'heureux eſt le mari* c *Eccleſiaſti.*
d'une bonne & vertueuſe femme ! 25. 11.

Que le nombre de ses années se mul-
tipliera au double [a] ; qu'elle est un
excellent partage ; qu'elle est le partage de ceux qui craignent Dieu ;
qu'elle leur sera donnée pour leurs
bonnes actions ; que le riche aussi
bien que le pauvre en auront le
cœur content, & que la joie sera en
tout temps sur leur visage [b]. Mais
entre les vertus de la femme c'est
la douceur *qui est la joie de son*
mari, & qui répand une vigueur
dans ses os [c], comme parle l'Ecriture. C'est de parler peu , parce
que c'est un témoignage de son
bon esprit : *La femme d'un bon sens*
(dit de mesme l'Ecriture sainte)
est amie du silence ; rien n'est com-
parable à une ame bien instruite [d],
ou qui a de la retenuë : C'est quand
elle parle, de parler avec civilité &
honnesteté ; l'Ecriture ajoûtant ;
Que si la langue de la femme est
pleine de douceur & de bonté, son
mari aura un avantage qui n'est
pas commun parmi les hommes [e].
C'est d'estre modeste & sage : car

la

a Ecclesiasti.
26. 2.

b Ecclesiasti.
26 3.4.

c Id.26.16.

d Id.26.18.

e Id.26.25.

la femme sainte & pleine de pu-
deur (dit encore l'Ecriture) *est une*
grace qui passe toute grace [a]. Enfin
tout le poids de l'or n'est rien au
prix d'une honneste femme [b]. C'est
donc la douceur, la civilité, la modestie, le silence, le bon sens, la
sagesse qui rendent une femme re-
commendable, qui la rendent aymable, chere & pretieuse au delà
de tous les biens & de tous les
tresors du monde. C'est par ces
vertus qu'elle se fait honneur d'ê-
tre jalouse, & de vouloir l'emporter sur toutes celles de son sexe;
& non pas par cette Jalousie qui
n'a pour origine que l'amour propre & la sensualité; & qui par consequent deshonore l'homme en le
rendant semblable aux bestes.

MAIS pour conclure & reduire
tous les conseils que nous venons
de donner tant aux maris qu'aux
femmes, a un principe qu'ils puissent graver facilement dans leur
esprit, il ne faut que rapporter icy
la regle que leur donne en deux

a *Id. 25. 19.*

b *Id. ib. 20.*

Conclusion
& recapi-
tulatiõ de
cet ouvra-
ge.

Q

mots un Pere de l'Eglise. Elle comprend en abregé les devoirs mu-
tuels des personnes mariées, &
contient en mesme temps les
moyens infaillibles d'entretenir la
paix dans le mariage : *Que la fem-*
me (dit cette lumiere de l'Eglise
d'Orient [a]) *ne pretende point un*
droit égal dans le mariage, puis-
qu'elle est sous un chef; & que le
mari ne méprise point sa femme,
parce qu'elle luy est sujette, puis-
qu'elle est son corps. Que la femme regarde donc toûjours son mari comme son superieur, & que le
mari ayme sa femme comme son
propre corps, & ils vivront en
paix.

a *Chrysost.*
ad Ephes.
cap. 4.

F I N.

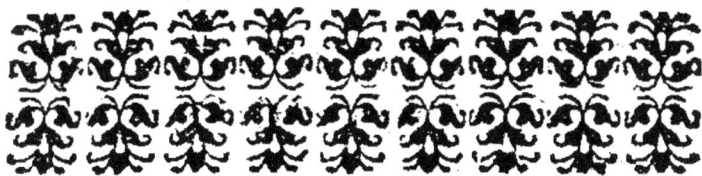

TABLE
DES CHAPITRES
& Matieres, contenuës dans ce Livre.

CHAPITRE II.

D'où vient la Jalousie, & ce que c'est. 9

QUE les passions sont bonnes, & qu'elles sont le principe de nos actions, *ibid.*

CHAPITRE III.

Du Mariage felon les Loix de nature, ibid.

CHAPITRE IV.

*Du mariage des Chreſtiens ſelon
la premiere inſtitution de Dieu meſme, & ſon rétabliſſement par
JESUS-CHRIST.* 61

CHAPITRE V.

Jalousie des Maris, & son remede,   80

CHAPITRE VI.

Jalousie des femmes, & son remede,

CHAPITRE VII.

Que c'est l'amour raisonnable qui produit la paix dans le mariage, 160

Fautes à corriger.

PAge 44. *ligne* 13. la nature a non seulement , *lisez* la nature non seulement a meslé.

Page 62. *ligne* 14. lieu , *lisez* lien.

Page 73. *ligne* 24. que les Loix Ecclesiastiques, *lisez* que non seulement les Loix Ecclésiastiques. *ligne* 17. aussi bien , *lisez* mais aussi les loix civiles , &c.

Page 89. *ligne* 22. supposent , *lisez* suppose.

Page 92. *ligne* 8. n'approuve pas , *lisez* n'apprenne.

Page 145. à la marge mettez V.

Page 155. *ligne* 23. jointe , *lisez* joinct.

Page 158. *ligne* 21. ny la force , *lisez* ny le bien.

Page 199. *ligne* 11. abandonne , *ajoutez* au desordre.

www.ingramcontent.com/pod-product-compliance
Lightning Source LLC
Chambersburg PA
CBHW060131100426
42744CB00007B/750